LES ÉCOLES MÉNAGÈRES

LEUR UTILITÉ POUR AMÉLIORER LE SORT DES TRAVAILLEURS ET COMBATTRE LE COLLECTIVISME
LEUR PROGRAMME

TRAVAIL SUIVI D'UNE MÉTHODE FACILE ET COMPLÈTE DE COMPTABILITÉ DOMESTIQUE

PAR

Édouard MICHAUX

Prix : 1 fr. 50

PARIS

Librairie GUILLAUMIN et Cⁱᵉ

14, rue Richelieu, 14

<table>
<tr><td>BRUXELLES</td><td>BERLIN</td></tr>
<tr><td>Librairie Office de Publicité</td><td>Librairie Internationale</td></tr>
<tr><td>J. LEBÈGUE et Cⁱᵉ</td><td>RODOLPHE JASSÉ</td></tr>
<tr><td>46, rue de la Madeleine, 46</td><td>46, Potsdamer Strasse, 46</td></tr>
</table>

1895

LES
ÉCOLES MÉNAGÈRES

LES
ÉCOLES MÉNAGÈRES

LEUR UTILITÉ POUR AMÉLIORER LE SORT
DES TRAVAILLEURS ET COMBATTRE LE COLLECTIVISME
LEUR PROGRAMME

TRAVAIL SUIVI D'UNE MÉTHODE FACILE ET COMPLÈTE
DE COMPTABILITÉ DOMESTIQUE

PAR

Edouard MICHAUX

Prix : 1 fr. 50

PARIS

Librairie GUILLAUMIN et Cie

14, rue Richelieu, 14

BRUXELLES
Librairie Office de Publicité
J. LEBÈGUE et Cie
46, rue de la Madeleine, 46

BERLIN
Librairie Internationale
RODOLPHE JASSÉ
46, Potsdamer Strasse, 46

1895

OUVRAGES DU MÊME AUTEUR

Traité sur les Vérifications de Comptabilité.
Ouvrage spécialement destiné aux experts-comptables, aux commerçants, aux industriels, aux banquiers, aux administrateurs et commissaires de Sociétés, aux professeurs-comptables, aux employés, etc.

Etudes administratives et bureaucratiques des maisons de commerce, d'industrie et de banque.

L'enseignement commercial et comptabiliaire en France.

Le vrai remède à la crise sociale.
Exposé succinct des institutions créées en vue du bien-être matériel, moral et intellectuel des classes travailleuses.

PROLÉGOMÈNES

Au mois d'Août 1886, à la demande de plusieurs auditeurs des cours donnés à Valenciennes sous les auspices de la *Société académique de Comptabilité*, je clôturais la série de mes leçons par une Conférence sur un sujet d'*économie sociale*.

Nous étions au lendemain de tragiques évènements accomplis en Belgique par des bandes d'ouvriers égarés par les prédications des apôtres de la révolution.

Prenant en quelque sorte texte, pour ma Conférence, de cette émeute socialiste qui venait d'ensanglanter deux provinces, je m'attachai à démontrer que le remède au paupérisme n'existe pas dans l'usage des moyens violents, tels que l'incendie des usines et le pillage des châteaux, pas plus que dans l'application des décevantes théories de ceux qui veulent la dissolution de la société civile telle qu'elle est constituée, mais qu'il réside dans la pratique d'un ensemble d'institutions, sur une partie desquelles je m'arrêtai, établies précisément en vue du bien-être matériel, moral et intellectuel des classes travailleuses.

Plus j'observe et plus je réfléchis, plus j'incline à croire que l'avenir des classes laborieuses dépend surtout, d'abord de la diffusion de l'enseignement, ensuite, et principalement, de la pratique des institutions de prévoyance.

Bien faire connaître ces œuvres, les soutenir, les encourager, me paraît être, par conséquent, le devoir de tout individu qui s'intéresse aux misères humaines et désire la paix publique, de même que le devoir de tout gouvernement est de les favoriser dans la plus large mesure possible.

Cependant, là ne doivent pas se borner les efforts : à côté des idées fausses, malsaines, qu'on verse dans l'esprit du peuple, il faut répandre des idées justes ; aux théories révolutionnaires, il faut opposer les principes d'ordre, d'autorité, de liberté, de justice. Il faut, au surplus, apporter autant d'ardeur à propager la vérité, que les démagogues en mettent à semer l'erreur.

D'une façon générale, le peuple est trop peu instruit des lois qui règlent la distribution des richesses, il n'est pas suffisamment versé dans les connaissances de l'ordre économique. Or, s'adressant à une masse ignorante et, en même temps, mécontente de sa position, les théoriciens de l'ordre social communiste ont réellement la partie facile en faisant miroiter devant les yeux de cette masse, l'image d'une future société idéale, sorte de terre promise où chacun trouvera richesse et bonheur.

Il est donc de la plus grande utilité de mettre les saines notions d'économie politique et sociale dans la circulation intellectuelle, et c'est par l'école que l'on doit commencer. Oui, il importe, pour la sûreté de la civilisation et de la société, que les notions les plus fondamentales et les plus essentielles de la science économique soient sérieusement enseignées dès l'enfance.

Des circonstances encore récentes ont montré les progrès des idées subversives.

A la faveur de la liberté d'association, les socialistes se sont organisés. Il se sont groupés tantôt en syndicats professionnels, tantôt en cercles d'étude, maisons du peuple ; ils ont créé des journaux et fait des brochures à bon marché, qu'ils répandent à foison ; ils ont multiplié les conférences, fondé des sociétés de secours mutuels et des sociétés coopératives, qui leur procurent une notable partie de l'argent nécessaire à leur propagande. Ils sont devenus une force inquiétante et poursuivent avec acharnement leur œuvre de destruction sociale.

Ainsi, après avoir, avec succès, promené la torche de l'erreur dans les centres industriels, les voilà qui vont maintenant remuer les campagnes. Après le travailleur de l'industrie, il leur faut séduire l'ouvrier des champs. Les pervertisseurs des villes ont rêvé de pervertir aussi les villages.

On les rencontre donc maintenant partout, excitant les passions mauvaises des souffrants, des déshérités, et les attirant à eux par la mise en œuvre de toutes sortes de moyens, notamment par l'étalage des plus séduisantes utopies, par la promesse d'un âge d'or.

Et comme les naïfs sont encore nombreux sur terre, ceux-là forment aujourd'hui légion qui croient sincèrement que les socialistes révolutionnaires ont toute préparée dans la poche, pour le jour de leur avènement au pouvoir, une loi mystérieuse qui accordera à tous, sans mal ni douleur, aux petits, aux humbles, aux ignorants et aux fainéants, comme aux courageux, aux savants, aux grands et aux riches de la terre, sinon le bonheur parfait, sinon toutes les jouissances du luxe et des plaisirs, tout au moins une aisance et des satisfactions enviables, une prospérité jusqu'à présent inconnue.

Tout le monde, ou à peu près, connaît maintenant cette fameuse théorie collectiviste qui renferme, au dire des prophètes du parti, la source merveilleuse du bonheur universel : elle a pour objet l'expropriation par l'Etat de tous les moyens de production.

Cependant quand l'Etat aura tout accaparé — car admettons un instant l'hypothèse de la réalisation du rêve chimérique de l'école collectiviste — quand l'Etat se sera substitué à l'individu dans tous les actes de la vie commerciale et industrielle, que nous verrons, par conséquent, l'Etat patron, en d'autres termes, l'Etat manufacturier, exploitant, négociant, entrepreneur, pharmacien, boulanger, boucher, ne faudra-t-il pas toujours travailler pour vivre ? Et que deviendra alors la concurrence en affaires ? Que deviendra le progrès ? Que deviendront l'émulation, le courage, les aptitudes professionnelles? Comment aussi répartira-t-on les parts du travail ?

Il serait intéressant et particulièrement instructif de voir les pontifes du collectivisme éclairer la religion du peuple sur ces divers points. Ils se garderont bien de le faire sans doute, pour la raison d'ailleurs toute simple que leur doctrine est fausse dans son principe même et qu'ils ne sauraient, dès lors, donner de réponse claire, précise, complète, sur ce qui regarde son application.

Que si on les met en demeure d'exposer tout leur programme et de tracer les grandes lignes de la société communiste future, ils répondent — comme naguère, M. Jaurès, le plus éloquent protagoniste du socialisme collectiviste en France, appelé, par M. Ribot, au grand jour de la tribune — par des déclarations vagues, nuageuses, par des conceptions mal définies ne présentant rien de clair ni d'intelligible.

Karl Marx lui-même s'est toujours refusé à tout essai descriptif.

« Je ne suis pas, écrit-il dans le *Capital*,
de ceux qui préparent des recettes pour
la marmite de l'avenir. »

Bebel et Liebnecht, les chefs socialistes
allemands, provoqués au sein du Reis-
chtag, à un exposé de leurs idées et de
leurs conceptions sociales, ont obstiné-
ment refusé le débat, déclarant « qu'ils
ne pouvaient savoir quel serait l'état du
monde à l'heure précise où la démocratie
socialiste arrivera au pouvoir. »

Quel que soit le protagoniste de ce
parti que l'on interroge, on n'obtient jamais autre chose que des réponses vagues
et diluées, agrémentées de phrases à effet
contre les iniquités sociales, contre les
injustices et les abus.

Eh bien ! le collectivisme, il est essen-
tiel de le dire nettement, n'est qu'une
énorme mystification ; et ceux-là qui sou-
tiennent et propagent les erreurs de cette
école, ne font que compromettre les grandes causes d'émancipation et de réformes
sociales.

Ah ! je sais bien qu'on va me dire que le parti socialiste n'est pas uniquement composé de collectivistes, qu'il est divisé en plusieurs sectes n'ayant pas les mêmes opinions, la même pensée, et qui entrevoient le problème de la question sociale sous des aspects différents.

D'accord. Je reconnais volontiers même qu'il y a dans le programme socialiste un certain nombre de revendications du monde ouvrier qui sont très légitimes.

Seulement, à côté du programme du socialisme opportuniste, il y a le programme du socialisme démolisseur. Et l'un ne va pas sans l'autre. Modérés et révolutionnaires marchent au combat les coudes serrés, la main dans la main, ce qui rend ceux-là aussi dangereux que ceux-ci. D'ailleurs, fatalement, en vertu de cette force invincible qui pousse les hommes à aimer ce qui présente à leurs yeux le caractère, ou simplement même l'apparence de progrès, dans les idées et dans les mœurs, comme dans les arts et dans les sciences, la secte modérée du parti socialiste sera entraînée, au jour de la victoire, — si jamais, ce qu'à Dieu ne plaise, il vient à luire — à emboîter le pas à la secte avancée. Or, si les conceptions particulières de l'école collectiviste venaient à passer dans le domaine de l'application, ce serait l'organisation de la misère, la ruine de nos industries, la discorde civile et la guerre sociale.

Radieuse perspective, en vérité !...

Je l'ai, je crois, souventes fois prouvé en ma vie, je suis de ceux qui portent dans le cœur des sentiments particuliers d'affection pour la classe ouvrière, et c'est encore guidé par mon amour pour elle, que j'ai résolu d'écrire ce petit livre à son intention.

Né, du reste, des entrailles du pauvre, ayant vécu de sa vie, trempé les lèvres au calice de ses afflictions comme aussi il m'a été parfois donné de boire à la coupe de ses joies, on voudra bien convenir que je me suis trouvé en privilégiée situation pour apprendre à connaître ses besoins, ses aspirations, ses espérances, de même que pour apprécier ses torts, ses erreurs et ses faiblesses. D'un autre côté, je me sens tout-à-fait à l'aise pour parler, avec une grande liberté d'allure, du sujet que j'effleure dans cette introduction, n'ayant pas à craindre qu'on m'accuse d'agir sous la pression du sentiment de la peur, ainsi qu'on le reproche à ceux qui possèdent : vingt-cinq années d'un labeur acharné et persévérant ne m'ont pas fait sortir de la modeste condition d'où je suis parti. Et je serais bien surpris, je le confesse, si la déesse Fortune daignait condescendre un jour à venir me saluer. Mais glissons.

Le langage de la franchise auquel je suis obligé d'avoir recours pour soutenir mon sujet, sera mal accueilli par beaucoup, je le prévois, même par beaucoup de ceux dont je plaide la cause. Mais baste ! que m'importe, après tout, le jugement des natures superficielles ou la haine des sots, si je suis assez heureux de faire partager les idées que je soutiens par les esprits réfléchis qui ont le culte du vrai et l'amour du bien !

Ce n'est pas de gaîté de cœur qu'on fait entendre des vérités désagréables à son prochain, et, généralement, quand on les exprime, ce n'est qu'à bon escient et dans l'intérêt du bien. C'est le cas pour celles que j'ai à énoncer ici à propos de la classe ouvrière.

Ainsi cette classe si intéressante, si digne de respect et de sympathie, est souvent, beaucoup trop souvent, hélas ! d'une négligence coupable. C'est effrayant la grande masse de familles où le trouble et la gêne règnent par suite du défaut d'ordre, de propreté, de goût, d'économie ; du défaut de savoir chez les personnes chargées du gouvernement des maisons.

Aussi bien, j'oppose cette source des maux qui affligent le monde du travail, à celle que les socialistes révolutionnaires exposent, à savoir l'exploitation de l'ouvrier par le patron.

On a cent fois déjà refuté cette absurdité qui consiste à faire remonter à l'employeur la cause de la misérable situation dans laquelle se débat assez souvent l'ouvrier. Que le salaire de certaines catégories de travailleurs soit modique, et qu'il existe au sein des masses laborieuses des souffrances réelles et parfois imméritées, on ne peut le contester ; mais de cas particuliers, il ne faut pas conclure triomphalement sur l'ensemble !

Naguère encore, à la tribune de la Chambre française, le rapporteur général du budget pour 1895, M. Cochery, armé de chiffres, de renseignements statistiques sur la main-d'œuvre, démontrait combien sont exagérées les affirmations des socialistes et combien il est prudent de se mettre en garde contre les beautés séduisantes de leurs discours et de leur littérature.

Quoiqu'il en soit, il serait barbare de méconnaître qu'il reste passablement à faire pour l'amélioration du sort de ceux qui souffrent. Des réformes sérieuses et durables s'imposent pour la réalisation desquelles tous les concours sont précieux. Mais ce sera là l'œuvre du temps, surtout pour ce qui est des imperfections de l'organisation actuelle de la société. On ne transforme pas, en effet, d'une façon soudaine, une organisation qui a demandé des siècles pour être établie. Et, en dépit des théories nuageuses de l'école socialiste, il faudra longtemps encore pour rendre l'humanité parfaite.

Il ressort des données fournies par M. Cochery sur les salaires, que l'ouvrier d'aujourd'hui tient à sa disposition, à part, il faut le dire, dans les moments de crise sur le marché du travail, un gain qui lui permet de jouir d'une somme de bien-être supérieure à celle dont jouissait l'ouvrier d'autrefois. Or, s'il est vrai cependant qu'il n'est pas plus riche, il faut en attribuer la cause, soit à ses habitudes d'intempérance, soit à son désir immodéré d'un luxe supérieur à sa condition, soit à son imprévoyance ; mais surtout au vieux mal rongeur des familles. J'ai cité : le défaut de connaissances domestiques de la part des femmes.

L'éducation économique de la femme, voilà la première, la plus utile des réformes, pour combattre le paupérisme et saper, par suite, le socialisme dans sa base.

Le jour, en effet, où toutes les femmes connaîtront la science de la vie, le jour où elles seront en possession des qualités nécessaires au gouvernement des affaires domestiques, il n'y aura plus qu'un nombre bien restreint de miséreux et de mécontents. Et alors les bataillons socialistes seront décimés comme par enchantement. Car, contrairement à ce qu'un apôtre du parti proclamait tout récemment au sein du Parlement Belge, ce n'est pas la science qui conduit le peuple au socialisme, mais la gêne. Je fais abstraction des bourgeois ambitieux qui se sont placés à la tête du parti ou s'y sont égarés, non par conviction, mais par calcul.

Mais où procurer à la femme cette éducation économique dont elle a un si réel besoin et qui lui fait pourtant si défaut ?
— Au foyer domestique, répondront beaucoup.

Non, c'est trop peu possible. Un concours de circonstances diverses ne permet que rarement à la jeune fille du peuple de faire son apprentissage de ménagère au sein de sa famille.

A peine arrivée à l'âge de l'adolescence, elle part très souvent le matin pour le travail, et ne rentre au logis que le soir, exténuée et plus disposée à aller se reposer que de se livrer à l'exercice des travaux du ménage et se mettre en état de remplir les devoirs domestiques qu'elle aura à remplir à l'époque future de son mariage.

Dans certains ménages, c'est la mère de famille elle-même qui s'absente pour le travail et laisse au foyer ses filles, sans guide et sans surveillance.

Enfin, et c'est le cas le plus général, faute de savoir, la mère est incapable d'imprimer une bonne direction à l'éducation de ses filles.

Devant cette difficulté, si pas cette impossibilité pour les jeunes filles d'acquérir chez elles les précieux enseignements de l'économie domestique, il faut bien avoir recours à l'école, à l'école spéciale d'éducation ménagère.

Là, on lui apprendra tout ce que la vie comporte de soucis et d'affaires ; on la familiarisera avec les occupations multiples qu'exige la tenue du ménage ; on l'initiera, en un mot, aux choses qui font du logis un foyer béni et adoré...

Je me résume :

Travailler au bien-être de la démocratie laborieuse, à son émancipation, est une nécessité du moment et nul n'a le droit de se soustraire à ce devoir humanitaire.

Plusieurs moyens recommandables convergent vers ce but, savoir : l'association, la coopération, le développement des syndicats, les lois favorisant les légitimes aspirations ouvrières.

Mais au premier rang des moyens figure *l'éducation économique de la femme,* par l'école.

Autant le remède collectiviste est inefficace pour guérir le malaise du pauvre, autant la propagation des Ecoles ménagères sera salutaire à cette fin.

L'application de la doctrine collectiviste conduirait la société à sa ruine et aboutirait à la pire des misères pour l'ouvrier ; l'Ecole ménagère, organisée et répandue dans le sens que j'indiquerai, lui apportera, au contraire, le bien-être, la santé, le bonheur.

LES ÉCOLES MÉNAGÈRES

PREMIÈRE PARTIE

I

De l'Education de la Femme

Il est hors de conteste que l'éducation de la femme joue un grand rôle dans la question sociale. Selon la direction qui est imprimée à cette éducation, la femme exerce une influence heureuse ou néfaste sur les habitudes et le caractère de l'homme, sur sa situation, sur sa vie en société et sur sa vie de famille. On l'a dit avec justesse : C'est la femme qui fait l'homme.

Une mission à la fois si délicate et si élevée, et aussi une responsabilité si grande, exigent une préparation éducative particulière.

Est-ce toujours bien compris et suivi ?

Dans les couches supérieures, hormis, je le veux bien, de louables exceptions, la règle est de diriger l'éducation dans le sens du « système social », lequel se préoccupe du rôle de la femme dans la société bien plus que de son rôle dans la famille. Dans ce système, les précieux enseignements de l'économie domestique sont relégués à l'arrière plan ; en revanche, l'étude des mystères et des ruses de la vie y tient la première place.

Dans une partie de ce monde-là, on s'occupe ferme aussi de l'émancipation civile et politique de la femme, et cette idée a trouvé pas mal de défenseurs, même parmi les grands esprits.

On sait que les propagateurs du droit des femmes ne réclament rien moins pour leurs intéressantes protégées, que le droit de vote et même celui d'éligibilité ; qu'ils réclament aussi pour elles la jouissance de certains droits civils, jusque maintenant réservés aux hommes.

Déjà dans divers pays, le droit de suffrage a été accordé aux femmes en matière administrative. Et, mieux que cela, le Parlement Sud-Australien a voté tout récemment une loi en vertu de laquelle plus de 80,000 femmes deviennent électeurs politiques et éligibles ! Il est vrai que cela se passe en Océanie.

En notre pays, quelque passionné que soit le mouvement en faveur de l'émancipation de la femme, nous sommes loin encore, je crois, du jour où on lui donnera l'accès des Chambres législatives ; l'état de nos mœurs s'oppose à semblable concession. Chez nous : la femme au foyer, l'homme au forum.

La femme a assez, du reste, d'exercer son

influence sur la gestion du ménage, sans avoir à l'étendre en outre sur la gestion des affaires publiques. Et ceux qui ont pris en mains la défense de ses intérêts, feraient œuvre autrement sage en se faisant les propagateurs du système d'éducation « familial », plutôt que du système « social ». Le culte de galanterie qu'ils professent pourrait paraître moins tapageur, mais il aurait l'avantage d'être plus pratique et plus utile.

Cependant, la question de l'affranchissement civil de la femme, renferme des points qui méritent d'être examinés avec bienveillance. Certaines lois ne sont pas suffisamment tutélaires pour le sexe faible, et un peu plus d'équité serait chose bien trouvée.

Par exemple, on pourrait, avec justice, réformer cette loi française de 1881, qui accorde bien aux femmes mariées la faculté de se faire délivrer un livret personnel à la Caisse d'épargne sans l'assistance du mari, mais qui laisse subsister pour celui-ci, en sa qualité de chef unique de la communauté, le droit de retirer l'argent quand bon lui semble, même pour l'employer à de folles dissipations. Il y a là, il faut en convenir, quelque chose d'injuste.

On pourrait également modifier dans le sens favorable à la femme, certaines dispositions du Code civil relatives aux droits matrimoniaux, en se gardant bien, toutefois, de s'aventurer outre mesure dans la voie des concessions.

En tout cas, la question de l'émancipation de

la femme n'est pas près d'être résolue. Longtemps encore, la femme restera l'esclave légale de l'homme en dépit des efforts tentés pour l'affranchir, les législateurs reculant, avec raison, devant la crainte de détruire la famille en touchant aux prérogatives du mari.

Au demeurant, il y a mieux à faire pour la femme, je le répète, que la recherche de son émancipation civile et politique. Le rôle qu'elle a à remplir dans la vie familiale est assez beau et assez complexe pour ne pas le surcharger de spécialités pour lesquelles elle n'est, du reste, nullement préparée.

C'est encore une fausse direction qu'on imprime à l'avenir des femmes, en leur ouvrant la porte des carrières administratives.

Il y a, depuis quelque temps, une fàcheuse tendance à substituer les femmes aux hommes dans les services publics. Leur invasion dans les administrations est de plus en plus accentuée, de plus en plus menaçante. Les bureaux de poste, du télégraphe et des chemins de fer sont déjà remplis de jeunes filles, et il semble même que c'est un parti pris de faire occuper définitivement par elles la plupart des emplois qui ont toujours été tenus par les employés hommes. On veut, en un mot, féminiser l'administration. Et le mal gagne les administrations privées !

Certes, je ne mets pas en doute l'activité de ces personnes et ne veux pas contester qu'elles remplissent leurs fonctions très sérieusement et d'une façon honorable, mais je prétends qu'au point de vue social leur introduction dans les places des hommes est une faute.

Les esprits les plus aux abois en sont arrivés à se demander, à ce propos, si le temps n'est pas proche où les hommes, qui se sont voués à la carrière des bureaux, se verront réduits à la pratique de la profession d' « éleveurs de marmots » ?...

Ah ! si c'était par sentiment d'humanité, si c'était pour favoriser de pauvres veuves, des orphelines sans ressources, des filles ou des femmes d'ouvriers chargés d'une nombreuse famille, que ces administrations eussent recours à ces innovations dans leurs services, on n'aurait pas trop à y redire. Mais non, ce n'est pas l'amour de l'humanité qui les guide, et la preuve c'est qu'elles admettent indifféremment aux emplois les filles aisées et les filles besogneuses. — Alors, quoi ? — C'est apparemment l'appât d'une faible économie qui règle leur conduite.

Mais lors même que les administrations obéiraient au désir de secourir des infortunes, on serait toujours en droit de leur reprocher de commettre une erreur économique, car, qu'on ne l'oublie pas, ce n'est pas en déplaçant les misères qu'on guérira jamais l'humanité de ses maux.

II

La bonne voie

En principe, la femme a sa place marquée au foyer, et c'est détruire ce foyer, c'est détruire la vie de famille que de l'en distraire.

Aussi bien, au lieu d'attirer les jeunes filles dans les emplois généralement réservés aux hommes, on ferait bien mieux de se préoccuper de leur éducation domestique, éducation qui est négligée d'une façon déplorable.

Sans doute l'on ne se pénètre pas assez du bien infini qu'on procure en rendant les femmes bonnes ménagères, en leur inculquant de bonne heure l'instruction domestique nécessaire à leur formation d'épouses et de mères.

Nulle connaissance ne vaut pour la femme, surtout pour la femme du peuple, une solide instruction domestique doublée d'éducation morale. Ah ! combien moins il y aurait de maris ivrognes et d'enfants mal élevés et désobéissants ; combien de misères et de crimes seraient épargnés si toutes les femmes s'entendaient parfaitement aux choses d'intérieur, tant dans l'ordre des intérêts matériels que dans l'ordre des intérêts moraux !

Un jour, un brave homme de père, profondément chagriné des prouesses de son fils, me faisait part de sa désespérance de pouvoir jamais ramener le dévoyé dans le droit chemin, les méchants, ajoutait-il, arrivant à la vie avec le vice incarné.

Que la plupart des natures mauvaises soient nativement perverses, je le veux bien ; mais je ne saurais admettre qu'il ne soit pas possible de tempérer au moins les mauvais instincts d'un enfant, par une éducation soignée. Or, cette éducation, c'est la mère principalement qui doit la procurer ; c'est à elle qu'appartient la mission de guider l'être à qui elle a donné le jour, vers le sentier du devoir et de la vertu. Mais, pour enseigner, il faut savoir. Si la femme est ignorante, si elle ne pratique pas elle-même les principes qu'il s'agit d'inculquer aux enfants pour en faire des êtres bons, courageux et bien élevés, comment voudrait-on qu'elle pût remplir sa mission éducative ? C'est la femme qui fait l'homme, ai-je dit plus avant. C'est aussi la mère qui forme les enfants. Eh bien ! jugez de ce que sont ou de ce que seront les enfants d'après ce qu'est la mère.

A un point de vue plus général, examinons ce qui résulte du savoir-faire de la ménagère.

Voilà un homme qui rentre au logis portant le poids des fatigues de son travail.

S'il trouve un intérieur agréable, où l'ordre, la propreté et le bon goût règnent ; s'il trouve également une table servie de mets bien préparés ; si, de plus, il se voit entouré d'une atmosphère de respect et d'affection, cet homme, malgré ses fatigues et les soucis de son labeur, sera heureux ; son bonheur se lira sur son visage, illuminé par la joie et l'espérance ; tous ses désirs, ses goûts et ses ambitions iront droit vers les siens, vers ceux qui lui procurent ses satisfactions et la jouissance de la douce paix du foyer.

Mais si, au contraire, sa maison est une maison mal ordonnée, une maison malpropre où domine une atmosphère de nature délétère ; si la femme se tient mal et n'entretient pas convenablement ses enfants ; si elle n'a pas pour la famille un dévouement ardent et bien inspiré ; si la table laisse à désirer sous le rapport de l'art culinaire ; si, enfin, comme il ne saurait d'ailleurs en être autrement dans ce cas, les qualités du cœur et de l'esprit laissent à désirer chez la femme, le chef de famille ne rentrera pas chez lui de bon cœur, il aura l'humeur noire et, pour un rien, il se montrera colère.

Son foyer ne présentant aucun attrait, il ira chercher ses consolations dans les cabarets et autres lieux.

Le défaut d'ordre et de prévoyance de la part de la femme met la famille dans le besoin, si les ressources sont modestes ; l'intempérance du mari la plonge dans la misère.

Alors, au désespoir de la gêne, succède forcément le désespoir moral : indifférence, mauvais traitements, disputes, voire même scènes de violence sont les habitudes quotidiennes de la vie dans ces ménages.

Quel contraste ! D'une part, l'asile du bonheur, le paradis de cette terre ; d'autre part le refuge du malheur, l'enfer !...

Je n'exagère pas. Ces tableaux représentent bien la réalité et ils sont dignes de la méditation profonde des jeunes gens, comme aussi de la méditation des pères et mères, chargés de veiller à l'avenir de leurs enfants. Je les ai retracés ici pour démontrer la nécessité qu'il y a de soigner particulièrement l'éducation des jeunes filles, surtout au sens économique du mot. Qu'on leur enrichisse l'esprit d'une certaine instruction, c'est fort bien, c'est louable ; mais, pour Dieu, qu'on apporte principalement sa sollicitude à les initier aux saines notions d'économie domestique, car là est la vraie voie, le salut pour elles.

III

Le Mariage

L'acte fondateur de la société domestique, le mariage, est l'acte le plus important qui puisse être accompli durant la vie d'une personne. Et cependant, bizarrerie de la nature, on y souscrit souvent sans avoir fait beaucoup de réflexions. La raison en cela cède presque toujours le pas à d'autres attraits, et c'est presque toujours un tort.

Je sais que la critique ici est délicate. A quelque manifestation d'opinion qu'on se livre sur l'objet, on peut être certain de ne pas avoir la bonne fortune d'abonder dans le sens de tous. Les uns en tiendront pour l'attachement ou simplement pour la passion charnelle, les autres, pour l'intérêt, des troisièmes seront guidés par des sentiments ou des considérations mixtes.

Quoiqu'il en soit, je me permettrai d'avancer que, pour la classe ouvrière, les liaisons les plus utiles, les plus enviables de toutes, sont celles qui unissent le viril courage de l'homme aux vertus domestiques de la femme.

Raisonnons.

Lorsque, au printemps de la vie, un jeune homme et une jeune fille de la classe populaire associent leurs destinées, ils n'ont généralement pour tout patrimoine que leur jeunesse, leur santé et l'espérance d'arriver à un bien-être relatif.

Si la jeune épouse est initiée aux choses d'intérieur, ce qui est assez rare, et si le mari, de son côté, est courageux et rangé, cela ira bien : le ménage ne connaîtra vraisemblablement pas les ennuis de la gêne ni la tyrannie du besoin. L'homme emploiera son intelligence et son habileté à améliorer sa position ; la femme luttera avec courage pour soutenir la modeste maison et élever les enfants. Si des heures difficiles viennent à surgir pendant lesquelles on soit forcé de contracter quelques dettes, — bien rarement on rencontre le bonheur sans mélange — on ne sera pas longtemps à les éteindre après que le chômage ou les maladies auront pris fin.

Dans cet intérieur, les trop luxueux caprices de toilette seront sérieusement discutés. On y repoussera avec énergie les fantaisies excentriques, l'exhibition, presque toujours ridicule, des oripeaux, le goût ruineux de la marchandise de pacotille : l'on s'en tiendra sagement au bon et l'on évitera le superflu.

Il en sera de même pour ce qui regarde la nourriture. On fera un heureux choix d'aliments peu coûteux et substantiels quand même, tirés principalement, à cette fin, des formules végétariennes.

Quand un ménage est ainsi établi, si on n'y rencontre pas le luxe, on y trouve du moins le confortable et, qui plus est, le livret d'épargne.

Car la femme est propre, elle a de l'ordre, elle ne perd pas son temps à aller caqueter au voisinage et à recevoir chez elle ; elle est en possession des vertus domestiques qui préviennent le gaspillage et conduisent à l'économie.

Au surplus, dans cette maison bien réglée, les obligations domestiques sont remplies de manière à ne point fatiguer le mari et à lui rendre l'humeur joyeuse.

Telle est la peinture du séduisant intérieur dont bénéficie le garçon courageux qui a eu la bonne fortune de faire choix, pour compagne de sa vie, d'une jeune fille honnête, intelligente, active et au courant des choses matérielles.

A côté maintenant de ce garçon aux idées pratiques, en voici un autre qui, s'étant laissé entraîner uniquement par le charme que fait éprouver l'attrait physique, a lié son existence avec une personne qui a peut-être dans le caractère ce qu'il faut pour faire le bonheur de la famille, mais qui ne parvient pas à toucher ce but faute d'une éducation économique convenable.

Eh bien ! je soutiens que l'homme ainsi rencontré ne peut pas être heureux, quels que puissent être d'ailleurs ses succès personnels dans la vie.

Amis lecteurs, imaginez-vous cet homme avançant dans sa position, se créant à force de travail, d'énergie, de ténacité, une certaine réputation dans sa profession : instinctivement, vous allez le désigner comme un homme heureux. Il en serait sans doute ainsi, n'étaient les tristesses cachées de cet homme, résultat d'un foyer domestique peu riant, peu enchanteur. Sa maison est une maison mal tenue ; sa femme n'emploie pas convenablement son temps ; elle n'a pas d'ordre ni de régularité, elle manque d'équité et de clairvoyance ; son intelligence, d'ailleurs, n'a pas été cultivée en prévision des grands devoirs d'intérieur ; elle s'est montrée impuissante à maintenir intactes les mailles de la chaîne d'affection qui doit s'étendre sur la famille, elle a brisé cette chaîne : l'homme n'est pas heureux. Et il doit d'autant moins l'être, qu'intelligent, travailleur et honnête, il se sent pétri d'amour-propre et saisit mieux, mesure mieux que le vulgaire les profondeurs de l'abîme dans lequel il s'est engouffré...

Admettons que cet homme trouve dans le monde un peu de bonheur, grâce à son mérite. Mais qu'est ce bonheur auprès de ses chagrins intérieurs ? La considération personnelle dont il jouit peut-elle jamais racheter ses maux domestiques, peut-elle rendre agréable sa vie de famille ?

O jeunes gens ! méditez sur la philosophie de ces faits réels du mariage et faites votre profit des enseignements qui en découlent. Méfiez-vous bien des entraînements irréfléchis, mettez-vous en garde contre les passions de jeunesse, ayez assez de force de caractère pour maîtriser le vent de folie qui éteint chez les individus les plus faibles lueurs de la raison ; ne laissez captiver votre esprit et votre cœur que par une jeune fille qui soit digne de votre préférence, par une fille en possession de talents domestiques suffisants pour faire votre bonheur et celui des vôtres. Pénétrez-vous de cette vérité que la satisfaction sensuelle et éphémère de l'amour est bien peu de chose comparée aux joies continuelles de la famille et du foyer. Attachez-vous à trouver le fondement de ces joies en une compagne bien préparée pour remplir honorablement les importants devoirs qui lui incombent. Suivez ces conseils et vous n'aurez pas plus tard à maudire dans votre cœur, dans votre âme, votre légèreté, votre étourderie, ou votre fausse conception du mariage.

IV

De l'enseignement ménager

Depuis vingt ans, des progrès considérables ont été accomplis en matière d'enseignement. Non-seulement on a multiplié les écoles, disséminé partout l'instruction, surchargé, je n'hésite même pas à dire trop surchargé les programmes, mais on a, de plus, mis au rancart les vieilles formules pédagogiques et introduit dans l'enseignement la leçon de choses et les travaux manuels.

« On cultive maintenant de bonne heure, par des exercices variés, par le maniement des principaux outils, par le dessin, par le modelage, ces qualités, du reste innées dans notre race : la dextérité de la main, la justesse du coup d'œil, la sûreté du goût. On prépare ainsi les enfants, par cette culture générale, à l'exercice intelligent et précoce de toutes les professions manuelles. »

Sans doute, c'est dans certaines écoles de garçons que ces travaux manuels ont pris de l'extension. Le mouvement a bien gagné les écoles de filles, mais ici il s'est montré plus lent et moins étendu. Quoiqu'il en soit, il y a lieu de féliciter les auteurs de programmes, qui ont fait montre d'une certaine préoccupation du foyer domestique. C'est un pas fait en avant.

Seulement les étroites limites des travaux de couture et de crochet ont besoin d'être élargies. L'enseignement domestique a d'autres branches, non moins utiles.

Il faut, pour le bien, que l'école primaire devienne sérieusement l'école préparatoire de l'école ménagère, avec programme, par conséquent, approprié à toutes les choses et à tous les besoins de la vie matérielle.

Car l'école ménagère, on ne saurait trop le redire, est l'œuvre de salut par excellence pour les filles appartenant aux classes laborieuses.

Aussi bien, le système d'instruction populaire pour filles restera incomplet tant que le séjour à l'école primaire ne sera pas suivi du séjour à l'école ménagère. La création de l'enseignement ménager est, de toutes les entreprises, la plus profitable au bien de l'humanité, l'œuvre la plus féconde qu'il soit possible d'instituer en faveur de l'ouvrier. Elle est la première de toutes les questions sociales à résoudre.

Dans notre société démocratique, il y a bien plus à gagner, il y a bien plus à retirer des bonnes et estimables femmes de ménage que des femmes savantes. Je ne veux pas dire pourtant qu'il faille négliger chez la femme la culture de l'intelligence, ni davantage son éducation morale, au contraire ; car alors, elle perdrait beaucoup de son charme, de ce charme qui semble inséparable de sa nature même. L'idéal est un mélange heureux de qualités intellectuelles et de qualités d'intérieur. Mais le mal de notre siècle, qui aime tant la diffusion de la science, est de sacrifier trop ces dernières aux premières

Mon Dieu ! qu'on laisse aborder les sciences et les arts d'agrément aux jeunes mondaines, passe ; aux jeunes filles de situation aisée, passe encore ; mais à celles que les hasards de la vie ont placées dans une condition modeste, non. Ce dont celles-ci ont besoin, c'est de solides connaissances d'intérieur. En résumé, il importe, en général, de conformer l'instruction et l'éducation de la jeune fille, au rang que ses parents occupent dans la société. Vouloir faire sortir les filles de leur condition, est une entreprise grosse de déceptions amères, et parfois de conséquences terriblement tristes.

L'éducation que l'on reçoit exerce une influence capitale sur l'existence entière. Partout, on devrait diriger l'éducation des femmes avec ce « bon sens et cette modération que les Anglais consacrent à toutes les choses pratiques de la vie. »

Nulle femme, quelle que soit sa position, ne doit se désintéresser des choses qui concernent l'administration d'une maison. Celle qui est en situation de se faire servir sera bien mieux obéie et bien plus considérée si elle connaît le métier de la femme d'intérieur. Elle saura prévenir le gaspillage et, tout en veillant à ses intérêts, elle s'occupera de ceux de ses subordonnés, ce qui lui vaudra un titre à la reconnaissance en même temps qu'une joie douce à son cœur de femme.

Cependant, c'est pour la fille du peuple qu'est principalement utile l'école pratique de la prévoyance.

Celles qui auront suivi assidûment et avec fruit les cours d'une école ménagère, seront en possession des aptitudes nécessaires pour gérer les intérêts d'une maison, et, une fois mariées, elles emploieront leur savoir et l'influence qu'il donne, à développer dans le ménage le goût et l'habitude de l'épargne ; elles sauront, au besoin, poétiser la pauvreté par des soins de détail et un confortable peu coûteux ; leurs vertus domestiques, enfin, seront le fondement de la sécurité, du bien-être, du bonheur de la famille entière.

DEUXIÈME PARTIE

I.

Les Ecoles ménagères en Angleterre. — Historique de l'œuvre en Belgique. — Ecoles officielles et écoles libres. — Comités de patronage. — Exemple à suivre en France et partout ailleurs.

L'œuvre des Ecoles ménagères n'est pas une création du jour. Elle fonctionne avec succès en Angleterre depuis un quart de siècle. C'est à Londres qu'elle est la plus répandue. Dans cette ville, on ne compte pas moins de quatre cents écoles du genre. L'école normale spéciale qui y est établie, a déversé, à elle seule, dans le monde entier, plus de 40,000 jeunes filles en possession du savoir de la maîtresse de maison.

En Belgique, l'institution est organisée officiellement depuis quelques années. Son établissement y est encore trop récent pour bien juger de ses résultats. L'arbre n'a pas encore suffisamment étendu ses rameaux sur le pays pour qu'on

puisse apprécier ses fruits comme il convient.
Attendons.

En prenant l'initiative de l'organisation officielle de l'enseignement ménager, la Belgique
a justifié une fois de plus sa réputation de peuple
positif et pratique.

Cette petite nation, l'une des plus au courant
des progrès scientifiques et la plus commerçante
du continent, est d'ailleurs aussi l'une de celles
qui ont montré le plus grand soucis des améliorations économiques.

Je vais rapidement passer en revue les diverses phases de la sollicitude qu'a montrée le gouvernement belge pour l'œuvre de l'éducation
domestique.

Le programme des écoles normales pour filles
formulé en 1881 comportait déjà l'enseignement
de l'économie domestique, mais comme branche
facultative. Une circulaire ministérielle envoyée
le 1er octobre 1886 aux directrices de toutes ces
écoles, eut pour effet de stimuler le zèle du
corps professoral au sujet de cet enseignement.
Et le 2 septembre 1887, une instruction déter-
minait à nouveau la tâche de l'école normale
en matière d'enseignement de l'économie domestique et des travaux du ménage, et rendait obligatoire cet enseignement.

Le but poursuivi était la préparation des élèves institutrices pour l'application utile d'une
précédente instruction, parue la veille, sur
l'enseignement de ces matières *dans les écoles
primaires et les écoles d'adultes pour filles.*

Je crois intéressant de reproduire les principaux passages des considérations générales exposées dans cette dernière circulaire. Les voici :

« La nécessité d'associer l'école à la famille dans l'œuvre de l'éducation domestique est aujourd'hui généralement reconnue. En Belgique, comme en Angleterre, en Allemagne, en France, en Suisse, on comprend que s'il importe de rendre les jeunes filles intelligentes et bonnes, de leur apprendre à lire, à écrire, à calculer, à rédiger, il est indispensable aussi de leur faire aimer et Pratiquer les travaux du ménage.

« Il est une réforme qu'on peut opérer immédiatement dans beaucoup d'écoles primaires et qui deviendra aisément générale dans un temps peu éloigné, au moyen de quelques mesures administratives et pédagogiques : c'est la substitution d'un enseignement régulier des notions d'économie domestique et d'hygiène aux leçons occasionnelles qui se donnent aujourd'hui. Le nouveau cours devra avoir pour base un programme nettement défini et figurer pour un temps convenable dans l'horaire des exercices.

« Il ne s'agit pas de se contenter d'un enseignement de *mots*, mais d'exiger un véritable enseignement de *choses*. L'institutrice fera des leçons *intuitives, démonstratives, pratiques* en face des objets. Ce ne sera pas seulement dans la salle d'école, mais aussi, dans la mesure du possible, à la cuisine, à la salle à manger, à la chambre à coucher, au jardin, qu'elle montrera et expliquera les choses. Elle s'attachera à inspirer aux enfants le goût des occupations manuelles et les amènera insensiblement à aider la mère dans les travaux domestiques qui ne sont pas au-dessus de leurs forces.

» Enseignées dans un tel esprit, les notions d'économie domestique et d'hygiène prépareront efficacement les jeunes filles à l'apprentissage des occupations ménagères sous la direction de la mère de famille.

» L'enseignement des travaux à l'aiguille, des préceptes les plus importants de l'hygiène et des notions les plus utiles de l'économie domestique, l'application des moyens d'éducation les plus propres à développer chez les élèves les qualités morales de la bonne ménagère, voilà le concours que l'école primaire peut apporter partout à l'éducation domestique des jeunes filles.

» Il sera nécessaire, dans beaucoup de communes, d'aller plus loin dans la voie de l'enseignement pratique des travaux du ménage et de recourir à l'un des trois modes d'organisation suivants :

» 1° La *classe ménagère* annexée à l'école primaire, ouverte deux demi-journées par semaine aux élèves de la division supérieure âgées d'au moins 11 ans et demi à 12 ans ;

» 2° *L'école d'adultes* ;

» 3° *L'école ménagère spéciale.* »

Ces considérations générales sont suivies d'un aperçu du programme des matières à enseigner dans les divers degrés de l'école primaire, dans la classe ménagère à annexer à l'école primaire et dans la classe ménagère pour les filles adultes.

L'instruction ne s'occupe pas du programme des grandes écoles ménagères, ayant une existence propre et un développement qui dépasse les limites de l'enseignement primaire.

Afin de ne pas nuire aux études pédagogiques proprement dites et jugeant que ce serait dépasser la mesure que de charger l'école normale ordinaire de former des institutrices pour les *grandes écoles ménagères*, le gouvernement belge a créé un cours normal spécial pour la préparation d'institutrices capables d'enseigner dans les écoles de cette espèce.

Le 26 juin 1889, le Gouvernement décréta l'intervention financière des pouvoirs publics en faveur de l'enseignement ménager.

La circulaire ministérielle adressée à MM. les Gouverneurs des provinces, après avoir rappelé combien il est difficile pour les filles d'ouvriers de recevoir chez leurs parents l'éducation ménagère et annoncé que l'école était tout indiquée pour fournir cette éducation, ajoutait que trois systèmes principaux pouvaient être appliqués :

« 1º On peut étendre à toutes les écoles primaires de filles l'enseignement intuitif des notions d'hygiène et d'économie domestique, qui se donne déjà dans un grand nombre d'écoles sous forme de leçons de choses, d'entretiens familiers, de lectures expliquées, et compléter ou plutôt vivifier ce cours élémentaire par l'enseignement d'un choix d'occupations ménagères, conformément aux instructions de la circulaire de M. le Ministre de l'intérieur et de l'instruction publique, en date du 1ᵉʳ septembre 1887 ;

2º On peut annexer à l'école primaire une classe ménagère spéciale que fréquenteront, au moins deux demi-journées par semaine, les élèves de la division supérieure, âgées de plus de 12 ans.

Le caractère propre de la classe ménagère est défini dans la circulaire rappelée plus haut.

Ce système est également applicable aux écoles d'adultes pour filles ;

3º On peut, enfin, instituer des écoles spéciales, de « grandes écoles ménagères », pour les jeunes filles qui ont quitté l'école primaire et qui fréquentent déjà les ateliers.

« Le Gouvernement est d'avis que les trois systèmes sont susceptibles de produire de bons effets et qu'ils doivent être employés simultanément.

« Le premier pose des bases d'éducation ménagère ; il amène les petites filles à aimer les travaux domestiques, à prêter assistance à la mère avant et après les classes ; il transmet la connaissance des préceptes les plus importants de l'hygiène et les notions les plus utiles de l'économie domestique. Mais pour assurer dans de bonnes conditions la préparation des jeunes filles aux travaux de ménage, il importe de leur procurer l'occasion de fréquenter soit une classe ménagère, soit une école ménagère. On comprend sans peine que l'apprentissage régulier et méthodique des divers travaux relatifs à l'entretien de la propreté de l'habitation et du mobilier, au lavage et au repassage du linge, soit autrement efficace que des leçons de choses qui, malgré l'art des meilleures institutrices, conservent toujours un caractère plus théorique que pratique. »

Deux ordres d'institutions distinctes bénéficient des subsides :

1º Les classes ménagères annexées aux classes supérieures des écoles primaires et aux écoles d'adultes pour filles ;

2º Les écoles ménagères spéciales, dites « grandes écoles ménagères », destinées aux jeunes filles de 13 ans au moins qui ont quitté l'école primaire et dont la plupart sont déjà occupées dans des ateliers ou des établissements industriels.

Le gouvernement n'est pas seul à donner des subsides, il y a aussi la province et la commune.

A ces faveurs, il faut maintenant ajouter les allocations des particuliers et des comités de patronage, les dons, le produit de souscriptions, etc.

Enfin, un arrêté royal du 26 juin 1889 institue, à Bruxelles, un comité central de patronage des écoles ménagères, et un autre arrêté en date du 6 juillet 1890 institue, dans chaque chef-lieu de province, un comité provincial de propagande des dites écoles.

Je donne en appendice le texte complet de ces arrêtés et du rapport au Roi, qui les a précédés.

Au 31 décembre 1893, on comptait en Belgique 194 écoles et classes ménagères soutenues par les pouvoirs publics ; elles se répartissaient comme suit :

59 classes ménagères communales subsidiées par l'Etat et la province ;

19 écoles ménagères communales, jouissant des mêmes faveurs ;

33 classes ménagères annexées à des écoles adoptées, subsidiées par l'Etat seulement ;

38 classes ménagères libres et 45 écoles ménagères libres subsidiées également par l'Etat.

Les subsides alloués par l'Etat à ces institutions s'élèvent au 1/3 de la dépense pour les classes et au 2/5 pour les écoles.

L'ensemble de ces subsides s'est élevé, pour l'année 1893, à 80,000 francs.

Je ne suis pas renseigné sur la part contributive supportée en outre par les provinces et les communes.

Indépendamment de ces écoles subsidiées, il existe dans le royaume un assez grand nombre d'institutions libres qui n'ont pas sollicité ou qui ont refusé la manne gouvernementale afin de garder leur entière liberté, surtout en ce qui concerne les méthodes et les procédés d'enseignement ainsi que le choix des auteurs.

En France, rien encore, que je sache, n'a été tenté par le gouvernement pour l'œuvre des écoles ménagères. Ici, comme en beaucoup d'autres pays, les matières d'économie domestique et d'hygiène sont bien inscrites au programme des écoles de filles, mais on n'attache souvent à l'enseignement de ces choses qu'une attention trop secondaire.

Il reste donc énormément à faire en France dans la voie de la mesure qui peut le plus rapidement améliorer la condition morale et matérielle des familles ouvrières.

On y rencontre, de-ci de-là, quelques tentatives heureuses d'enseignement ménager, émanant de l'initiative privée. Mais qu'est-ce que cela, que sont les fruits de ces écoles clairsemées auprès des besoins du nombre immense des familles déshéritées qui attendent leur place au banquet de la vie !

Il serait heureux de voir partout les gouvernements suivre l'exemple de celui de la Belgique, qui a pris les dispositions nécessaires pour propager l'éducation la plus utilitaire, la plus profitable au bien de l'humanité.

Je viens de dire plus haut qu'un certain nombre d'écoles ménagères libres de la Belgique, écoles qui, il faut le mentionner, sont assez florissantes, entendent conserver leur complète autonomie.

La principale raison de l'attitude d'indépendance gardée par ces institutions, serait, s'il faut en croire des renseignements particuliers qui m'ont été donnés et dont je trouve d'ailleurs, en partie, la confirmation dans un opuscule intitulé « Petit cahier de notes pour les Ecoles ménagères dominicales et gratuites du bassin de Charleroi (1) » — serait que le programme officiel laisse subsister et des lacunes et des développements hors de propos pour certains cours : la cuisine, notamment, n'y aurait pas, d'une part, une place assez marquée ; d'autre part, la prépation de beaucoup de mets sortirait du cadre accessible aux bourses ouvrières et bourgeoises ; — on y emploierait trop de temps à la couture et celle-ci serait enseignée en quelque sorte à l'instar des écoles professionnelles, c'est-à-dire avec un luxe de détails, une étendue hors de proportion avec le but poursuivi par l'institution des écoles ménagères.

Je ne prendrai pas l'initiative d'une enquête pour contrôler ces critiques. Si elles sont fondées, cela me paraît regrettable.

(1) Alost. — Imprimerie Emile Vernimmen-Anckaert.

J'expose plus loin un programme détaillé des matières à enseigner dans les grandes écoles ménagères. J'ai fait tout le possible pour écarter de ce programme les sujets de critique. Je l'ai, en tout cas, mûri et je vais développer les considérations générales qui m'ont guidé dans son élaboration. J'ai la confiance qu'elles recevront l'approbation des esprits sérieux et réfléchis.

II.

Considérations générales sur les matières du programme.

L'enseignement de l'école ménagère modèle, telle que je la conçois, comprend cinq grandes branches :

I. — Principes généraux d'économie domestique, d'hygiène et de morale

Avant d'initier les élèves aux travaux pratiques de l'école, il m'est avis qu'il convient d'abord de leur donner des conseils propres à faire goûter le travail, l'ordre, la propreté, la prévoyance. Par un choix de lectures instructives sur les matières d'économie domestique, agrémentées des réflexions et des commentaires de la maîtresse, on développera heureusement le côté souvent faible chez les femmes : le jugement et la raison.

On familiarisera aussi les élèves avec les notions générales d'hygiène, qui embrassent l'habitation, les soins corporels, les vêtements, les aliments, les habitudes.

L'hygiène est l'art de conserver sa santé ; or, mieux vaut soigner sa santé que ses maladies.

La santé console d'ailleurs de bien des déboires qui surviennent dans la vie.

On leur parlera donc des conditions de salubrité et d'insalubrité des habitations ; de l'influence de la malpropreté du corps sur la santé ; de la simplicité, de la propreté et du bon état des effets d'habillement ; des soins dont il y a lieu d'entourer les enfants et les personnes malades.

Enfin, comme on ne doit pas avoir dans la vie que la préoccupation des intérêts matériels, on entretiendra les élèves des connaissances qui se rapportent à la nature morale et intellectuelle des individus, en ayant soin de ne pas exclure du sujet, la religion, le sentiment religieux présupposant toujours le sentiment moral.

Oui, il faut recommander pour la famille, l'atmosphère chrétienne, car l'idée chrétienne n'est pas seulement la vieille chanson qui berce la douleur d'ici-bas dans l'espoir d'une consolation là-haut ; elle est cela assurément, mais elle est aussi pratiquement pour les individus comme pour les sociétés, l'un des meilleurs moyens de vivre heureux sur cette terre.

II. — Cuisine

L'art de la cuisine constitue la branche la plus importante de l'enseignement ménager.

C'est qu'aussi la question de l'alimentation a une importance considérable, non-seulement au point de vue de la conservation de la santé, mais aussi au point de vue du développement physique, intellectuel et moral des populations.

Une bonne nourriture, en effet, est la base de la vigueur physique et intellectuelle, ainsi qu'un remède contre l'ivrognerie.

Le secret de l'art culinaire, on l'a très bien dit, réside dans le moyen de tirer parti de peu de choses et de ne rien laisser perdre ; il réside encore dans le choix judicieux de ce qui nourrit bien et ne coûte pas trop cher. A l'homme du peuple, il ne faut enseigner à manger que ce qu'il peut payer avec son salaire.

Il s'agit donc de fournir aux élèves des explications sur la valeur nutritive et la valeur vénale des aliments, aussi bien que sur la manière de les préparer.

Un heureux choix d'aliments sains et nutritifs et à bon marché, ainsi que l'art de les rendre appétissants, éloignent la misère des familles, y donnent accès à l'épargne et y font régner la paix et le bonheur.

Dans les écoles anglaises ainsi que dans les écoles libres non subsidiées de la Belgique, on fait usage presque exclusivement de recettes culinaires tirées du règne végétal, ces aliments coûtant beaucoup moins que ceux du règne animal et ayant cependant des propriétés nutritives équivalentes et parfois même supérieures.

Toute une pléiade de savants physiologistes et de médecins distingués se sont nettement prononcés en faveur de ce régime alimentaire. Parmi eux, on remarque le docteur John Barlow, professeur à l'Université de Glascow, l'illustre Newmann, le docteur Savage de l'Académie de Londres, le docteur Dujardin-Beaumetz et le docteur Bonnejoy de la Faculté de Paris, etc., etc.

« Il est possible, a écrit le premier, de conserver une parfaite santé, une vigueur complète au moyen d'une alimentation exclusivement végétale, surtout si l'on use des produits des animaux : lait, beurre, œufs, fromage. »

Ce qu'il importe, c'est de savoir varier et combiner les aliments, et surtout savoir les préparer de telle façon qu'ils puissent plaire au goût et se digérer facilement.

Le docteur Savage recommande de traiter les maladies du cerveau par le système végétarien.

N'est-il pas reconnu aussi que la bonne cuisine végétarienne est une mesure très efficace contre l'alcoolisme, « ce fléau terrible qui ronge nos sociétés modernes, provoque la dégénérescence de la race et la ruine des peuples » ?

Le régime végétarien remonte bien avant dans le passé. Il aurait été fondé par le grand philosophe grec Pythagore, qui vivait au vie siècle avant Jésus-Christ, en raison, dit-on, de sa croyance à la métempsycose. Au commencement de notre ère, Sénèque le recommandait pour éviter les « meurtres alimentaires ».

Dans une chronique sur l'excellence du régime végétarien, je lis que Patrice O'Neil, né en 1647, est mort à l'âge de 113 ans, après avoir été marié sept fois : or, il se serait toujours nourri de végétaux et n'aurait mangé de la viande que dans quelques repas qu'il donnait à sa famille.

Au seizième siècle, le célèbre Cornaro, qui écrivit à 86 ans son histoire *Discorsi della vita sobria*, mourut bien au-delà de cent ans, après s'être soumis au régime végétarien le plus sévère, lequel lui avait été inspiré par une maladie grave.

Ce régime fait vivre longtemps parce qu'il n'use pas l'organisme, et aussi parce qu'il confère peut-être l'immunité pour certaines maladies, tandis que le régime contraire les provoque. Il exerce de plus une influence salutaire sur le moral.

Neuf cents ans avant Jésus-Christ, Homère nous dépeint la férocité des Cyclopes, mangeurs de chair, et la douceur des Lotophages, mangeurs de lotus.

J.-J. Rousseau dit quelque part que les peuples « grands mangeurs de viande sont en général plus cruels et plus féroces que les autres ». Il ajoute que tous les sauvages sont cruels et que cette cruauté leur vient bien moins de leurs mœurs que de leurs aliments.

Plus près de nous, le docteur Bertillon a constaté, par des statistiques précises, le haut degré de criminalité chez les peuples qui abusent du régime carné.

Enfin le régime végétarien exerce une influence heureuse sur l'esthétique et la beauté.

L'abus du régime carné produit certainement des maladies cutanées. Le régime végétarien donne de la fraîcheur et de l'éclat au teint.

Les filles de Capri sont gracieuses, fraîches, aimables et gaies. Elles travaillent durement et ne mangent que des fruits et des légumes.

Si, malgré l'opinion des autorités scientifiques que j'ai citées et les constatations historiques que je viens de rappeler, il en était encore qui ne fussent pas absolument convaincus de l'excellence du régime végétarien, j'invoquerais finalement, pour ôter toute excuse à leur incrédulité, l'exemple de nos ouvriers. On sait le dur labeur qu'ont à supporter la plupart de ces braves, au regard franc, à la figure mâle, au cœur vaillant, et on connaît leur force exceptionnelle de résistance. Eh bien ! ce qui prédomine dans leur alimentation, c'est le pain, la soupe, les légumes, le beurre et le fromage. Beaucoup ne mangent de la viande qu'une fois la semaine, et encore ! Ils ont alors comme boisson, la bière nationale qui, quand elle est saine et riche et prise en quantité modérée, contribue beaucoup à soutenir ou à ranimer les forces.

Parmi les meilleurs légumes, il y a lieu de citer : les pois, les haricots, les fèves de marais et les lentilles, lesquels constituent des plats nutritifs, riches et producteurs de chair ; l'épinard, qui est un aliment tonique par excellence et celui qui rend le plus rapidement aux anémiés la force et la santé.

Les pâtes alimentaires : macaroni, vermicelle et autres petites pâtes, ont aussi une grande valeur nutritive, à la condition qu'elles soient fabriquées exclusivement avec des semoules de blés durs, riches en gluten. On paie ces pâtes un peu plus cher que les communes fabriquées avec des farines de blés tendres, de maïs, de déchets de riz, ou de la fécule de pommes de terre et autres ingrédients, mais il y a un incontestable avantage à mettre le prix pour avoir quelque chose de bon, de nourrissant.

Les pâtes pures restent fermes et élastiques au toucher après cuisson, et gonflent fort dans l'eau ; les pâtes falsifiées ou sophistiquées n'augmentent presque pas de volume, troublent l'eau ou le bouillon, tombent en colle et souvent sont aigres.

Le fromage a les propriétés de la viande de bœuf pour la formation des chairs et des tissus. Sa valeur nutritive est de deux ou trois fois son poids en viande de boucherie. Indépendamment des matières inutiles qu'elle contient, la viande renferme trois quarts d'eau.

Le fruit est très sain et délicieux. Les figues, par exemple, les raisins secs et les dattes comprimées sont très nourrissants.

Enfin, tout le monde apprécie la valeur culinaire du lait, du beurre naturel et des œufs.

Quoiqu'il en soit cependant de l'excellence prouvée du régime végétarien, je ne saurais admettre qu'on bannît complètement les viandes de l'école ménagère. D'abord parce que l'un des objectifs de l'institution s'y oppose. Ensuite, le faire est vouloir en quelque sorte indiquer à l'ouvrier qu'il doit proscrire absolument de sa table la chair animale. C'est se montrer trop exclusif. En supposant même que le plat de viande qu'il se paie une fois la semaine n'ait qu'une valeur alimentaire relative, il ne faut pas, sous prétexte d'économie, le priver de la satisfaction que ce régal lui procure. Lorsque le dimanche, au repas principal, la famille du travailleur n'a pas le moindre morceau de viande à se mettre sous la dent, ce n'est pas jour de fête pour elle. Or, après les dures fatigues supportées pendant six jours consécutifs, ce n'est pas de trop, avec sa journée de repos, que le travailleur jouisse d'un peu de satisfaction, d'un petit supplément de bien-être.

Il est, du reste, certains morceaux de viande de boucherie qui se vendent bon marché, tels que le faux gîte, la cuisse gîte, l'épaule, le cou, le collier, le plat des joues et qui sont cependant plus riches en principes nutritifs que le filet et l'aloyau eux-mêmes.

Bref, je pose en principe que l'école ména gère ne doit pas seulement avoir pour but de mettre des personnes en état de gouverner intelligemment et économiquement des ménages ouvriers, mais qu'elle doit aussi avoir en vue de préparer des sujets aptes à remplir les fonctions de cuisinière et de gouvernante dans les maisons bourgeoises, maisons où la nourri ture animale est presque toujours en honneur.

A ce titre surtout, il convient d'enseigner aux élèves les meilleures manières de préparer et

de cuire les viandes, aussi bien que les soupes,
les légumes, les boissons économiques et rafraîchissantes et les autres aliments.

III. — Lessivage et repassage des objets
de lingerie et de toilette

Savoir bien lessiver et repasser le linge, sont
deux qualités importantes de la bonne ménagère : elles créent une source de profits sérieux
pour la maison.

Il faut le dire à l'honneur des femmes d'ouvriers, la plupart font elles-mêmes leur lessive
et un grand nombre savent repasser le linge.

Cependant, ces travaux ne sont pas toujours
exécutés dans toutes les règles de l'art.

« Il serait bien à désirer, dit Pelouze, pour la
santé, et pour éviter la fermentation qui dété-
riore le linge sale, que les maîtresses de maison
le fissent essanger à mesure de l'emploi et le
fissent sécher et placer dans un grenier aéré.»

Or, relativement peu de ménagères font
subir cette première et essentielle opération au
linge sale.

La lessive achève de saporifier les graisses,
les rend solubles, par conséquent déterge les
tissus et les débarrasse de toute impureté.

Il existe différentes façons de faire la lessive.

A l'école, on apprendra celles de laver beaucoup et bien en peu de temps sans user les
tissus et sans trop grande dépense de savon et
autres matières auxiliaires.

En ce qui regarde le repassage, besogne plus délicate que la première, on apprendra à le faire avec propreté, art et économie de temps. Le meilleur et le plus beau travail en matière de repassage est souvent celui qui est fait le plus promptement.

IV. — COUTURE

Le Cahier de notes dont j'ai parlé plus avant contient, au sujet des travaux à l'aiguille, les observations suivantes : — *La confection des vêtements neufs est du ressort de l'école professionnelle. — En tolérant la confection des objets neufs dans les écoles ménagères, on donne aux enfants le goût du neuf, et on désapprend le raccommodage. — Il est impossible qu'une femme d'ouvrier d'industrie, cuisine, lave, rapièce, soigne ses enfants et confectionne des habils neufs ; si elle le fait, c'est un tort, c'est une faute, car la propreté, l'hygiène, l'ordre de la maison en souffrent infailliblement.*

Je ne saurais partager ces manières de voir, du moins à la lettre.

Et d'abord cette opinion que l'art du neuf fait perdre le goût du raccommodage du vieux, me paraît hardie. Je n'ai jamais remarqué, pour ma part, dans les familles où on confectionne le neuf, que la réparation du vieux était négligée.

Et cette allégation qu'une femme de ménage ne peut pas se livrer à la confection du neuf sans nuire certainement aux occupations générales de la maison, me paraît également peu fondée. Tout dépend du temps employé aux travaux neufs.

Selon moi, c'est un tort de vouloir exclure du programme de l'école ménagère, l'enseignement de la confection et de la coupe.

Sans doute, il n'y a pas lieu de se livrer ici à l'exercice de la haute confection, laquelle, en effet, est du ressort de l'école professionnelle, mais on doit exercer les élèves à la confection et à la coupe des vêtements simples, aussi bien qu'à l'art du raccommodage.

Si on en a le loisir, on les fera aussi tricoter et remmailler. Ce n'est pas là un *ouvrage de paresseux*, mais un ouvrage de distraction utile.

V. — ÉLÉMENTS DE CULTURE POTAGÈRE

La culture des légumes a son intérêt au double point de vue de l'hygiène et de l'économie.

Apprendre cette culture aux femmes, voilà une idée dont vont se gausser certains beaux esprits. Et pourtant rien de plus sérieux.

Bien des femmes, du reste, jardinent sans plus de gaucherie que les hommes. Mais toutes doivent pouvoir le faire, que ce soit en vue d'en retirer profit, comme c'est le cas pour la femme de l'ouvrier, ou que ce soit, pour la femme aisée, par distraction et à titre d'exercice hygiénique.

La production du jardin est une source de bien-être pour la famille du pauvre. Seulement pour que la terre rapporte tout ce qu'elle est susceptible de produire, elle exige des soins spéciaux et un peu de peine. Or, l'ouvrier qui, de l'aurore au soleil couchant, est occupé à ses travaux professionnels, ne peut guère donner beaucoup de son temps à la culture du potager. Aussi, l'aide de la femme devient-elle, en ce cas, précieuse. Mais quand bien même celle-ci n'aurait pas pour le travail de la terre un goût prononcé, encore faut-il qu'elle apprenne à connaître tous les légumes ainsi que la manière de les récolter, si pas de les cultiver, car c'est plutôt dans ses attributions d'aller tirer du jardin les plantes potagères nécessaires à la cuisine.

Certes, je n'entends pas recommander d'inculquer aux jeunes filles des écoles, toute la science de l'horticulture, mais il est de la plus grande utilité de les mettre au courant des premiers éléments au moins de l'art potager.

A cette fin, il est à propos d'annexer un jardin à l'école ménagère, car il ne s'agit pas de s'en tenir à des explications théoriques, il faut encore fournir aux élèves des démonstrations pratiques.

III

Programme détaillé des matières
à enseigner

Je crois avoir, dans le programme qui suit, dressé un tableau complet des occupations multiples qu'exige la tenue d'un ménage. Je n'ai pas négligé les détails et, tel que je le présente, ce programme peut être adopté par toutes les écoles.

Pour les classes ménagères annexées aux classes supérieures des écoles primaires de la Belgique, pour les écoles d'adultes, de même que pour les écoles dominicales, il pourra, sans doute, paraître fort étendu. Il appartiendra à l'institutrice, dans ce cas, de faire un choix judicieux des matières qui y sont inscrites, en s'inspirant des nécessités de lieux et de temps. Quant aux grandes écoles ménagères, je ne saurais trop leur conseiller de l'adopter dans toutes ses parties. Le choix des méthodes, des procédés et des auteurs est laissé aux institutrices.

ÉCONOMIE DOMESTIQUE, HYGIÈNE ET MORALE

Principes généraux : — rôle de la femme dans la famille et dans l'administration du ménage ; goût dans la tenue de la maison ; habitudes ; ordre ; propreté ; régularité ; prévoyance.

Habitation : — conditions de salubrité ; aération.

Entretien de la maison : — travaux à faire chaque jour, chaque semaine, chaque saison, chaque année ; manière de nettoyer les planchers, les carrelages, les portes, les fenêtres.

Entretien du mobilier : — batterie de cuisine ; boiseries ; cadres ; cuivres ; lampes ; chaussures ; éponges ; peignes ; brosses ; glaces ; paillassons ; tapis ; verres de lampes, etc.

Entretien des chambres à coucher : — literie ; manière de faire les lits.

Entretien du linge et des étoffes : — précautions ; moyen d'ôter les plis aux étoffes.

Chauffage : — poëles ; cuisinières ; fourneaux à gaz et à pétrole ; combustible ; art de faire du feu.

Eclairage : — lampes à huile et à pétrole ; préparation et entretien.

Comptabilité du ménage : — budget des recettes et des dépenses : dépenses nécessaires ; dépenses inutiles ; écritures à tenir ; exercices pratiques.

Hygiène : — propreté corporelle ; bains ; habitudes ; régime ; sobriété ; hygiène de l'alimentation et du vêtement ; éléments de médecine domestique ; soins à donner aux enfants et aux personnes malades ; préparation de tisanes et de médicaments faciles.

Morale : — lectures et causeries sur les devoirs domestiques, les devoirs généraux de la vie sociale : la justice et la charité, respect de la liberté, de la propriété, de l'honneur, de la réputation, etc.; devoirs personnels ; devoirs religieux.

CUISINE

Observations générales sur l'art de cuisiner et sur les avantages d'une cuisine saine, nutritive et économique. — Substances alimentaires, leur classification. — Valeur nutritive des aliments, leur qualité, leur conservation. — Boissons : eau potable, eau filtrée, bière, cidre, café, lait, préparations économiques et rafraîchissantes. — Ordre et composition des repas. — Manière de dresser une table.

Ustensiles nécessaires pour la cuisine. — Nettoyage de la vaisselle, des couteaux, verres, carafes et bouteilles.

TRAVAUX PRATIQUES

Potages et soupes. — Soupes : aux légumes ; aux pois ; aux fèves ou aux lentilles ; à l'oignon; aux tomates ; à la tête de porc; aux choux et au fromage; à la provençale ; à la purée de pommes de terre ; au potiron. — Pot-au-feu. — Panade. — Julienne. — Bouillon instantané. — Bouillon aux herbes.

Potages : printanier ; à la paysanne ; au riz ; tapioca à l'oseille ; purée de Crécy ; à la semoule ; vermicelle au gras.

Mets divers de la cuisine de tempéranee. — Etuvée de choux. — Chou rouge. – Chou au maigre en purée. — Choux farcis. — Choux de Bruxelles sautés au beurre. — Choux-fleurs : sautés au beurre ; aux pommes de terre ; au gratin. — Choucroute. — Poireaux : à la sauce blanche ; à l'huile. — Epinards : en purée ; à la crême. — Pommes de terre : à l'huile ; sautées émincées ; à la maître d'hôtel ; sautées au beurre ; en purée ; au gratin ; au fromage ; frites et soufflées ; à la duchesse. — Carottes : au gras ; à la crême ; à la bonne femme ; en purée. — Petits pois : au sucre ; à l'anglaise ; en salade. — Haricots : verts à l'anglaise ; à la maître d'hôtel ; verts sautés ; verts à l'huile ; flageolets sautés. — Fèves de marais : à l'anglaise ; en salade. — Céleri au jus. — Céleri rave : à la sauce ; hors d'œuvre. — Laitue : en salade ; braisée au jus. — Potiron : en potage ; en purée. — Cerfeuil en salade. — Salade de chicorée. — Oseille en purée. — Tomates en purée. — Salsifis : à la sauce blanche ; sautés au beurre. — Asperges : à l'huile ; à la sauce au beurre. — Artichauts à la poivrade. — Cornichons au vinaigre. — Purée : de lentilles ; de haricots ; de pois cassés. — Lentilles et haricots secs : à la bretonne ; à l'huile. — Ragoût : simple ; aux lentilles ; aux œufs. — Riz au gras. — Pain perdu. — Friture : de pain ; de gateaux au lait ; de gateaux aux fruits. — Macaroni : à l'italienne ; au gratin. — Omelette : à l'oseille ; au fromage ; aux fines herbes. — Œufs : à la coque ; pochés ; mollets ; sur le plat.

Pudding : au fromage ; au pain et aux corinthes. — Pâte à tout usage. — Pâte au macaroni. — Poulades de haricots. — Petits pâtés savoureux. — Sandwish (tartines fourrées).

Mets ayant pour base la chair animale. — Bifteck aux pommes de terre. — Bœuf : à la poêle ; à la sauce piquante ; à la sauce tomate ; à la maître d'hôtel ; à la bourgeoise ; aux épinards ; à la purée de haricots ; à la purée de lentilles ; en ragoût ; à la mode. — Hachis de bœuf : en boulettes ; au gratin ; en gâteau. — Filet de bœuf : sauté à la minute ; au madère — Entre-côte : aux pommes ; à la béarnaise. — Cœur de bœuf en ragoût. — Bœuf rôti. — Cervelle de bœuf au beurre noir. — Tripes à la mode de Caen. — Gigot de mouton : rôti ; braisé au jus ; braisé au céleri-rave. — Epaule de mouton : aux haricots ; farcie. — Ragoût de mouton. — Côtelettes de mouton sautées à la minute. — Rognons de mouton sautés. — Pieds de mouton : à la poulette ; frits ; à l'huile. — Cervelles de mouton : au beurre noir ; à la poulette ; en matelote.— Rôti de veau. — Côtelettes de veau aux fines herbes. — Poitrine de veau aux choux. — Epaule et foie de veau à la bourgeoise. — Blanquette de veau. — Mou de veau en ragoût. — Ris de veau braisés. — Tête de veau à la vinaigrette. — Langue de veau sauce piquante. — Porc en ragoût. — Côtelettes de porc aux cornichons. — Petit salé aux choux. — Poulet en fricassée. — Poule : au riz ; à la sauce blanche. — Pigeons : rôtis ; aux petits pois. —

Canard aux navets. — Caneton aux petits pois. — Lapin : rôti ; en gibelotte ; en civet. (1)

Poissons. — Anguilles à l'oseille. — Cabillaud à la hollandaise. — Eperlans : frits ; au gratin. — Goujons frits. — Merlans : frits ; grillés ; au vin blanc. — Maquereau : à la maître-d'hôtel ; bouilli. — Harengs : au beurre noir ; aux fines herbes ; marinés ; grillés sauce moutarde.

Roux. — Roux brun. — Roux blond.

Sauces. — Sauces : blanche au beurre ; béchanelle ; mayonnaise ; rémoulade ; piquante ; moutarde ; Robert ; maître d'hôtel.

Boissons et confitures. — Eau : d'orge ; de froment ; d'avoine. — Sirops : de sureau remplaçant le vin de Bordeaux ; de prunes ; de groseilles rouges ; de mûres sauvages. — Gelée : de pommes ; de groseilles.

Recettes diverses

Manière de conserver les légumes de toute espèce : herbes ; oseille ; épinards ; haricots ; petits pois ; chicorée ; etc. — Conservation des fruits. — Conservation des œufs : frais ; cuits à la coque.

COUTURE

Indications préliminaires sur le matériel de couture et la pose des mains. — Etude des dif-

---

(1). Pour la préparation de tous ces mets du règne animal, on consultera avec fruit l'excellent livre : *Alphabet de la Ménagère*, par Charles Driessens.

férents points de couture : point devant ; point de côté ; point arrière ; point d'ourlet ; point de chausson ; point de marque ; surjet ; surfil ; couture en ourlet ; couture rabattue ; couture double ; couture appliquée ; fronces ; brides. — Boutonnières.—Pose de boutons et d'agrafes. — Liseré. — Pose d'un galon. — Attache d'une ganse ronde.

Raccommodage. — Reprises : en biais ; en feston ; en lacet ; dans le drap ; tricotée.

Coupe et confection. — Linge de literie : drap ; drap retourné ; taie d'oreiller. — Essuie-mains. — Serviette. — Bavette. — Gilet de flanelle. — Chemises de femme et de fillette. — Chemises d'homme et de jeune garçon. — Pantalons de femme et de fillette. — Peignoir. — Jupon. — Robe d'enfant. — Blouse d'ouvrier.

LESSIVAGE ET REPASSAGE DES OBJETS DE LINGERIE
ET DE TOILETTE

Blanchissage. — Enlèvement des taches : taches d'encre, de rouille, de goudron, de peinture, de fruit, de vin, de roussi. — Essangeage. — Coulage du linge. — Savonnage. — Rinçage. — Linge de couleur. — Mise au bleu. — Séchage — Empois. — Empois cuits.

Repassage. — Recommandations relatives à la table, à la planche et aux fers à repasser. — Poignée et grille. — Feu.

Art du repassage. — Tuyautage. — Plis. — Pliage du linge.

Recettes diverses. — Nettoyage, savoir : des fichus et châles de laine blanche ; de la flanelle ; des gants de peau ; des cols de pardessus ; des vêtements tachés de graisse ; des étoffes ; de la soie ; des rubans ; du velours.

HORTICULTURE

Indications générales sur la culture potagère.

Différentes natures de terre : terre argileuse ou grasse ; terre calcaire ou blanche ; terre sableuse ou légère ; terre humifère ou noire. — Amendements.

Instruments et outils de jardinage.

Situation, exposition, distribution du jardin.

Production permanente ou succession de cultures.

Choix des graines ; manière de semer ; repiquage.

Variétés de légumes à cultiver.

Travaux à effectuer chaque mois.

Destruction des mauvaises herbes et des limaces ; sarclages et binages.

Engrais ; arrosage.

Notions sur la culture forcée : couches, châssis, cloches.

APPEL A L'INITIATIVE PRIVÉE

Il ne faut pas se bercer d'illusions, on ne verra sans doute pas de sitôt, malgré toute l'utilité démontrée qu'il présente, l'enseignement ménager organisé officiellement avec toute l'étendue désirable.

Cependant l'intérêt qui s'attache à cette branche si importante du savoir humain, commande de se mettre à l'œuvre sans plus de retard pour l'organiser et la répandre.

En attendant l'action officielle, *l'initiative privée*, qui enfante si souvent des merveilles, a ici une occasion excellente de montrer une fois de plus sa puissance et son génie.

Nous n'avons pas d'écoles ménagères officielles ; créons des écoles ménagères libres.

C'est à proximité des établissements industriels, au milieu des grandes agglomérations de travailleurs, que ces écoles s'imposent surtout ; c'est là qu'elles sont appelées à produire la plus grande somme de bien ; c'est là aussi qu'elles peuvent rencontrer les plus précieux encouragements.

Qui, en effet, plus que les patrons, que les chefs d'industrie, pourrait apporter un utile concours à l'organisation de cette grande œuvre de la prévoyance des familles? Ne sont-ils du reste pas intéressés à toutes les manifestations qui ont pour but de procurer le bien-être aux gens à leur service? Car, qui oserait nier que l'homme convenablement soigné, que l'homme heureux ne sent, devant la besogne, doubler ses forces et grandir son courage?

Mais une pensée bien plus élevée que cette considération, qui semble assez entachée d'égoïsme, doit guider les chefs. C'est sur eux que repose en grande partie le bonheur des masses les plus considérables de l'humanité, et c'est par conséquent pour eux un devoir social de consacrer une partie de leur temps et de leurs pensées, sinon de leur argent, à procurer ce bonheur.

Sans doute, si je prends la liberté de mentionner cette obligation morale, c'est par pur principe et non pour rappeler MM. les patrons au culte du devoir : esprits élevés et cœurs généreux, stimulés par l'amour des bonnes actions, ils ne marchandent d'ordinaire pas leur sollicitude pour le personnel placé sous leurs ordres. Les exemples, les preuves de leurs bonnes œuvres abondent dans la vie des patrons, des grands patrons surtout.

Toutefois, l'œuvre des Écoles ménagères n'occupe encore qu'une trop faible place dans leurs préoccupations sociales.

D'heureux essais ont été tentés en maints endroits. L'œuvre fonctionne dans certains centres, mais souvent d'une manière incomplète. Là, il faut améliorer ; ailleurs, créer.

L'œuvre des Écoles ménagères est une œuvre sociale de premier ordre, une œuvre patriotique. Par elle, on arrêtera, dans une notable mesure, le progrès du paupérisme, on assurera la paix des familles, on contribuera au maintien de l'ordre public.

Qu'on la propage donc le plus possible, et même qu'on rende la fréquentation de la classe obligatoire. Pour le patron, c'est presque un cas de conscience de protéger les intérêts des enfants contre l'imprévoyance des parents attachés à son service, lorsque cette imprévoyance est manifeste.

A côté du patron, qui doit se montrer en quelque sorte la providence de son personnel, il y a d'autres personnes dont le concours et l'appui peuvent aussi être exceptionnellement précieux à l'œuvre des écoles ménagères : ce sont toutes celles que les hasards de la naissance ou de la vie ont placées dans une condition supérieure.

Mais c'est à la patricienne, c'est à la femme jouissant des privilèges de la position ou de la fortune, que je m'adresse tout particulièrement ici. C'est à son noble cœur, c'est à ses sentiments naturels d'humanité, à sa sensibilité que je fais appel en faveur de l'œuvre que je contribue à soutenir de mes modestes forces.

Quel beau et sublime rôle à remplir pour la femme des classes éclairées, que celui qui consiste à tendre une main secourable à la jeunesse féminine des couches inférieures, à l'encourager par de bons conseils, à la soutenir par une sage direction ! N'existe-t-il pas là une de ces sources de bonheur qu'on ne connaît pas toujours et qui sont bien supérieures aux satisfactions égoïstes qu'on a l'habitude de rechercher ? Les âmes charitables en conviendront : répandre le bien autour de soi procure un de ces bonheurs qu'on ne sait pas toujours traduire exactement, mais qui laissent au fond du cœur, et notamment du cœur féminin, qui est le plus sensible aux bonnes actions, une douce sensation de plaisir et de joie ineffable.

Il existe, d'ailleurs, on ne l'ignore pas, une éducation générale pour tous, celle des grands devoirs. Nul n'a le droit de s'y soustraire. Bourgeoises, riches, mondaines doivent, particulièrement à l'époque troublée où nous vivons, en présence des craquements sourds et menaçants qui se font entendre dans le vieil édifice social, mettre de côté les petites jalousies de position, de préjugés, d'intérêts, et s'associer en vue d'exercer leur influence et leur charité en faveur des déshérités de ce monde.

Des exemples de vertu patriotique et d'abnégation sont déjà partis de haut ; il faut les imiter, les généraliser, les populariser.

En Belgique, les individualités féminines les plus éminentes par la position, le talent, la richesse, se sont groupées et constituées en Comités de patronage de l'œuvre des Ecoles ménagères, et le gouvernement a donné la consécration officielle à ces corps. A la tête du Comité central, nous voyons figurer S. A. R. Mᵐᵉ la Comtesse de Flandre, laquelle a pris très à cœur ses fonctions de Présidente effective.

En Angleterre, l'œuvre est aussi excellemment patronnée. Sa Majesté la Reine lui a voué une partie de sa sollicitude, et l'aristocratie la soutient de son prestige et de sa bourse. Elles sont nombreuses, du reste, les institutions philanthropiques auxquelles s'intéresse l'aristocratie anglaise, qui a le bon esprit de ne pas se borner à venir pécuniairement en aide à ces institutions, mais encore de se rapprocher de l'ouvrier, dans le but évident de gagner ses sympathies.

Un des moyens mis en pratique à cette fin, je crois intéressant de le mentionner, consiste en l'organisation de déjeuners ouvriers.

A chacun des festins de ce genre, où assiste généralement le *high-life* de la société londonienne, on réunit plusieurs centaines de malheureux, choisis, autant que possible, dans les sans-travail. Le menu comprend un ou deux plats copieux, et le service est fait par des baronnes et des comtesses ; un lord remplit les fonctions de maître d'hôtel. Inutile d'ajouter que toute cette noblesse sympathise familièrement avec les pauvres hères, ses hôtes. Une gaîté franche règne pendant la durée des repas ; et, pour charmer l'ouïe autant que le palais des convives, les organisateurs font faire de la musique pendant que les pauvres diables croquent leur croûte de pain et avalent leur morceau de viande. Pour finir, on leur fait une distribution de cigares.

Je rappelle ce trait des mœurs philanthropiques anglaises, à titre d'enseignement.

Rien n'est sensible aux gens du peuple comme tout ce qui les rapproche des classes élevées, comme tout ce qui tend à diminuer les apparences des inégalités sociales. Entendez les plus violentes réclamations des socialistes, elles n'ont d'autre fondement que la passion d'égalité, qui fait le principal ressort de notre race. L'accorder, cette égalité, est chose impossible assurément, mais qu'on en offre au moins l'illusion, et les mécontents seront à demi satisfaits.

APPENDICE

COMITÉ CENTRAL DE PATRONAGE

DES

ÉCOLES MÉNAGÈRES DE LA BELGIQUE

RAPPORT AU ROI.

—

SIRE,

Parmi les réformes recommandées par la commission du travail pour venir en aide aux classes laborieuses, je considère comme l'une des plus importantes l'institution et la propagation des écoles ménagères.

Elle est incontestablement l'une des plus efficaces pour contribuer au développement de l'esprit de famille, pour entraver les progrès de l'alcoolisme et diminuer la fréquentation des cabarets.

Inculquer aux jeunes filles et aux femmes

des notions d'économie domestique, leur enseigner l'art de la cuisine, c'est assurer l'amélioration des conditions matérielles de l'existence des ouvriers : c'est leur procurer un intérieur agréable, après les fatigues et les rudes labeurs de la journée.

Votre Majesté s'occupe avec la plus vive sollicitude de tout ce qui concerne l'amélioration physique et morale de la classe ouvrière, je suis donc assuré d'avance que les propositions que je vais avoir l'honneur de Lui soumettre obtiendront Sa haute approbation.

Un comité de Dames, dont S. A. R. Madame la Comtesse de Flandre a bien voulu accepter la Présidence, a pris la généreuse et féconde initiative de s'occuper de l'organisation des écoles ménagères.

J'ai l'honneur de prier Votre Majesté d'agréer ce comité libre et d'en faire le comité de patronage des écoles ménagères à créer et à développer dans le pays.

Il pourra être complété ultérieurement par la formation des comités provinciaux déléguant, à leur tour, des comités locaux.

Le comité central de patronage n'exercera aucun monopole. Des administrations communales, d'autres comités pourront, indépendamment de lui, organiser des écoles qui recevront des subsides de l'Etat.

Mais son intervention librement acceptée facilitera la création d'écoles nouvelles dans des conditions économiques et permettra de mieux assurer la surveillance d'institutions à créer dans des vues d'ensemble.

C'est dans ces conditions que j'ai l'honneur de proposer à Votre Majesté l'arrêté de nomination ci-contre.

Je suis,

Sire,

De Votre Majesté,

Le très humble et le très dévoué serviteur,

Le Ministre de l'agriculture,
de l'industrie et des travaux publics,

Léon de Bruyn

ARRÊTÉ ROYAL

LÉOPOLD II, Roi des Belges,

A tous présents et à venir, Salut.

Considérant qu'il convient, en vue de provoquer et de propager la création d'écoles ménagères, de s'assurer le généreux concours de dames dévouées à la réalisation de cette œuvre sociale ;

Sur la proposition de Notre Ministre de l'agriculture, de l'industrie et des travaux publics,

Nous avons arrêté et arrêtons :

Art. 1er. Il est institué à Bruxelles un comité central de patronage des écoles ménagères.

Art. 2. Sur la proposition du comité central, des comités provinciaux de propagande pourront être établis.

Art. 3. Le comité central de Bruxelles est composé comme suit :

Présidente : S. A. R. Madame la Comtesse de Flandre ;

Première vice-présidente : Mme la Comtesse Louis de Mérode ;

Deuxième vice-présidente : Mme veuve Vermeren-Coché, industrielle ;

Conseillères : Mme la baronne van de Woestyne, Mme Jules Godefroy, Mme Prins ;

Secrétaire : Mme la comtesse John d'Oultremont ;

Secrétaire-adjointe : Mlle Elisa van Mons ;

Trésorière : Mme la comtesse Adrien d'Oultremont.

Art. 4 Notre Ministre de l'agriculture, de l'industrie et des travaux publics, chargé de l'exécution du présent arrêté, déterminera les attributions du comité.

Donné à Bruxelles, le 26 juin 1889.

LÉOPOLD.

Par le Roi :

Le Ministre de l'agriculture,
de l'industrie et des travaux publics,

LÉON DE BRUYN.

MINISTÈRE DE L'AGRICULTURE, DE L'INDUSTRIE & DES TRAVAUX PUBLICS

—

DIRECTION DE L'INTÉRIEUR

Comités provinciaux de propagande des Écoles ménagères.

LÉOPOLD II, Roi des Belges,

A tous présents et à venir, SALUT.

Vu l'article 2 de Notre arrêté du 26 juin 1889, aux termes duquel il peut être établi, sur la proposition du comité central de patronage des écoles ménagères, des comités provinciaux de propagande ;

Considérant qu'il convient d'étendre et de faciliter l'action du comité central, par l'institution de comités provinciaux pouvant déléguer, à leur tour, des comités locaux ;

Sur la proposition de Notre Ministre de l'agriculture, de l'industrie et des travaux publics,

Nous avons arrêté et arrêtons :

Art. 1er Il est institué, dans chaque chef-lieu

de province, un comité provincial de propagande des écoles ménagères.

Art. 2. Ces comités sont composés comme suit:

DANS LA PROVINCE D'ANVERS

Présidente : Mme la baronne Osy de Zegwaart.
Conseillères : MMmes la comtesse Horace van der
    Burch.
    Joniaux.
    la baronne Alfred de Vinck de
     Winnezeele.
    Louis van den Abeele.
    Oostendorp.
    Georges Le Jeune.

DANS LA FLANDRE OCCIDENTALE

Présidente : Mme la baronne Ruzette, à Bruges.
Conseillères : MMmes la comtesse Am. Visart de Bocar-
    mé, à Bruges.
    Halleux-Ryelandt.
    G. Van Nieuwenhuyse.
    Hamman de Guillac.
    Coppieters-Ablay.
    la baronne O. van Caloen de Bas
     seghem.
    Am. van de Walle-Vanderplancke

DANS LA FLANDRE ORIENTALE.

Présidente : Mme R. de Kerchove d'Exaerde, à Gand.
Conseillères : MMmes la baronne Peers, à Gand.
    Camille de Bast-Armellini, à Gand.
    Van Oudenhove-Rolin, à Gand.

Conseillères : MMmes Paul Deirens-Orban de Xivry, à
    Alost.
    Paul Raepsaet, à Audenarde.
    Louis Van Haelst, à Saint-Nicolas.

DANS LA PROVINCE DE HAINAUT.

Présidente : Mme la comtesse d'Ursel, à Mons.
Conseillères : MMmes V. Wéry, à Mons.
    A. Le Tellier, à Mons.
    Mlle Anne Masquelier, à Mons.
    MMmes Léon Dolez, à Mons.
    De Borman, à Mons.
    L. Poulain, à Mons.

DANS LA PROVINCE DE LIÈGE.

Présidente : Mme Pety de Thozée, à Liège.
Conseillères : MMmes la baronne L. de Moffarts de Ma-
    car, à Liège.
    de Géradon-Terwange, à Liège.
    Ch. de Ponthière-Sadoine, à Liège.
    A. Dresse-Spring, à Liège.
    C. Mockel-Beer, à Liège.
    J. Putveys-Leclerc, à Liège.

DANS LA PROVINCE DE LIMBOURG.

Présidente : Mme la vicomtesse Goupy de Beauvolers,
    à Hasselt.
Conseillères : MMmes Goetsbloets-Marchal, à Hasselt.
    Roelants-Wagemans, à Hasselt.
    Willems-Malherbe, à Hasselt
    Mlle Claykens, à Hasselt.

DANS LA PROVINCE DE LUXEMBOURG

Présidente : Mme P. de Gerlache, à Arlon.
Conseillères : MMmes J. Netzer, à Arlon.
         Ch. Tedesco, à Arlon.
         Lefèvre, à Arlon.
         Barth, à Arlon.
         J. Michaelis, à Arlon.
         J. Dubois, à Arlon.

DANS LA PROVINCE DE NAMUR.

Présidente : Mme la comtesse de Villers, née baronne
         van de Woestyne.
Conseillères : MMmes la baronne de Gaiffier, d'Hestroy,
         à Namur.
         de Collombs-Zoude, à Namur.
         Orban de Xivry, née Anciaux, à
         Namur.
         Henroz, née Wodon, à Floreffe.
         la comtesse de Romrée, née de
         Beauffort.
         Massange de Louvrex, à Baillon-
         ville.

Art. 3. Notre Ministre de l'agriculture, de l'industrie et des travaux publics, est chargé de l'exécution du présent arrêté.

Donné à Ostende, le 6 juillet 1890.
LÉOPOLD.

Par le Roi :

Le Ministre de l'agriculture,
de l'industrie et des travaux publics,

LÉON DE BRUYN.

MÉTHODE

DE

COMPTABILITÉ DOMESTIQUE

COMPTABILITÉ DOMESTIQUE

Utilité de tenir des comptes

« La première règle de l'économie est de tenir des comptes, et le premier pas qui conduit au désordre est de les négliger », a écrit J.-B. Say dans son *Cours d'économie politique.*

Cette maxime s'applique tout aussi bien à la ménagère qu'au commerçant, qu'à l'industriel et qu'à l'homme d'affaires.

Il ne devrait plus, maintenant que l'instruction est si répandue, exister un seul ménage qui s'abstînt de tenir note des recettes et des dépenses journalières de la maison.

Les personnes qui tiennent des comptes ont généralement plus d'ordre et sont plus économes que les autres. C'est qu'à suivre régulièrement par écritures ses opérations, on devient davantage ménager de son argent et on équilibre mieux son budget. J'invoque à ce propos le témoignage de ceux chez qui le livre de comptes du ménage est en honneur.

La comptabilité n'est-elle pas, en définitive,

la science de l'ordre ? Or, là où l'ordre règne, la prodigalité, les folles dépenses n'ont pas accès. Le crédit, cette ruine des familles, y est aussi inconnu, ou à peu près.

La suppression des achats à crédit, quelle réforme utile à introduire dans les ménages ouvriers !

A la ménagère imprévoyante, il semble de prime-abord que les choses achetées à terme pèsent peu sur le budget. C'est un fait : lorsqu'on ne paie pas comptant les objets que l'on se procure, la réflexion ne préside pas souvent aux opérations ; on ne raisonne pas assez ses actes ; en un mot, on dépense sans compter et sans s'inquiéter beaucoup si, à l'échéance, on aura à sa disposition les fonds nécessaires pour faire face à ses engagements. Aussi, quand l'heure de payer arrive et qu'on n'est pas en mesure de se libérer, on se met alors à regretter son laisser-aller, on maudit sa faiblesse, on condamne son irréflexion. Mais il est trop tard ! Et la gêne, l'implacable gêne, pénètre dans la maison. Or, l'on sait que quand cette cruelle compagne du pauvre met les pieds quelque part, c'est presque toujours pour y élire domicile : comme une pieuvre à sa proie attachée, elle enlace dans ses fatales tentacules et ne quitte pour ainsi dire plus ceux qui, bénévolement, lui ouvrent leur porte.

Il est pénible de le constater, mais c'est, chez la majeure partie de la classe ouvrière, comme une maladie d'être presque constamment en état de dette — maladie à coup sûr regrettable à bien des points de vue.

L'habitude de tenir des comptes contribuera à faire disparaître ce fléau : fléau sous le double rapport moral et matériel. En effet, non-seulement les objets achetés à crédit sont presque toujours payés plus cher que ceux acquis au comptant, mais la pratique du crédit a, d'un autre côté, pour triste conséquence de placer celui qui y a recours dans une situation embarrassante et énervante, de l'humilier, de lui ôter sa liberté, son indépendance, et de lui enlever, au surplus, la tranquillité et la paix de son intérieur.

De toute nécessité, il faut que la comptabilité domestique soit enseignée dans les écoles ménagères.

Est-ce parce qu'on ne comprend pas assez l'importance de l'enseignement de ce point de l'économie domestique, ou est-ce au manque d'un guide, d'une méthode, qu'il faut attribuer son absence des programmes ?

Aucune de ces raisons ne subsistera plus désormais pour ceux entre les mains desquels ce petit livre tombera. Car je crois avoir démontré ici l'utilité que présente la tenue des comptes dans les familles et donné un modèle dont pourront faire usage les maîtresses.

Système et Méthode.

J'ai adopté pour ma comptabilité du ménage,

le système de tenue des livres en partie simple,
et la méthode du journal-grand-livre — système
et méthode les plus appropriés au genre dont il
s'agit.

Ma comptabilité est d'une grande simplicité
et d'une clarté telle qu'il n'est pas besoin pour
en comprendre le mécanisme, d'être initié à la
science du comptable ni à l'art du teneur de
livres. Le premier venu, qui sait lire et écrire,
n'aura aucune peine à la tenir.

J'aurais pu, assurément, établir quelque chose
de plus simple encore, mais c'eût été au détriment de la clarté et au détriment des données
qu'il est utile de posséder sur les diverses catégories d'opérations du ménage.

Livres et documents composant la Comptabilité domestique.

1° *Cahier d'inventaire.* — Le premier travail
à faire pour quiconque veut connaître sa situation, est celui de l'inventaire de ce qu'il possède
et de ce qu'il peut devoir.

Dans les établissements industriels et com-
merciaux, l'inventaire est dressé pour la première fois au début de l'entreprise ; puis, dans
la suite, à la fin de chaque exercice social.

Dans les familles, le premier inventaire doit
être fait le jour où l'on prend la sage résolution
d'y tenir des comptes ; il aura lieu, après cela,
le 31 décembre de chaque année.

Non-seulement l'établissement de l'inventaire

est indispensable pour connaître la situation de fortune d'un individu, d'une famille, d'une collectivité quelconque, mais il présente cet avantage d'indiquer le plus ou moins de durée qu'ont les objets, de renseigner sur le prix de ceux qui sont à remplacer et de faire prévoir — renseignement utile pour le budget — certaines dépenses probables de l'année suivante.

2° *Budget.* — L'inventaire terminé, la ménagère dressera son budget.

Le budget a sa raison d'être pour mieux régler les dépenses sur les recettes, pour ne pas acheter à tort et à travers, pour, en un mot, employer intelligemment ses ressources.

Il ne faut pas, comme je l'ai vu faire plus d'une fois par des personnes étrangères sans doute aux connaissances de l'ordre comptable, assimiler le budget au bilan : ce sont là deux documents parfaitement distincts.

Le budget est formé de probabilités ; le bilan, de certitudes. Dans l'un on prévoit ; dans l'autre on constate.

Pour éviter autant que possible les mécomptes, toujours regrettables et parfois cruels, il est prudent de forcer un peu, dans le budget, le chiffre des dépenses probables. Tant mieux, si, à la fin de l'année, on n'a pas dépensé entièrement la somme prévue.

3° *Carnet de poche.* — La ménagère inscrira d'abord, au fur et à mesure qu'ils auront lieu, ses débours sur un petit carnet. Le soir, ou le lendemain matin, aussitôt qu'elle aura un peu de temps de reste, elle reportera les opérations au journal.

La tenue de ce carnet est très utile pour éviter les omissions et les erreurs qui se produiraient assez souvent si, au lieu de tenir note de ses opérations le crayon courant, l'on portait directement celles-ci au propre sur le journal. Cette dernière façon de procéder ne tarderait pas à devenir ennuyeuse pour la ménagère, laquelle finirait un jour par négliger l'inscription de ses dépenses.

Au surplus, en inscrivant d'abord les opérations sur une sorte de brouillard, cela permet, le cas échéant, de grouper plusieurs articles dans un même poste au livre-journal.

4° *Journal.* — Ce livre contient toute l'histoire, par ordre de dates et par catégories de recettes, de dépenses et de placements, des diverses opérations du ménage.

Il est loisible de multiplier à volonté la division de ces titres généraux, comme on pourrait s'en tenir à leur unique adoption. Mais je ne saurais conseiller, ni cette brièveté, ni une subdivision poussée à l'excès.

En général, lorsqu'on procède à l'établissement d'une comptabilité, la règle est de viser à une coordination rationnelle des opérations, à leur groupement en un nombre de comptes qui permette aux intéressés de se renseigner convenablement sur la marche des choses principales, sur le mouvement des valeurs et des objets qu'il est le plus utile de suivre et de connaître. S'en tenir à une classification trop restreinte, c'est créer le chaos ; subdiviser outre mesure, c'est encore, tout en causant une perte de temps, aller à l'encontre de la clarté : en comptabilité comme en littérature, la diffusion doit être bannie ; qu'il s'agisse d'agencement de comptes ou de rédaction d'articles, une sage concision est ce qu'il y a de meilleur. J'ai conformé ici mon journal-grand-livre à ce principe.

Bien que je me sois placé au point de vue de la famille ouvrière pour déterminer les titres des comptes, le modèle de journal que je présente peut être adopté par le rentier et le propriétaire. En ce cas, il y aurait lieu de consacrer la colonne des « Dépenses » laissée en blanc, au compte *Entretien des immeubles*.

Ainsi qu'on le verra, j'ai divisé les Recettes en :

Salaires ;
Revenus divers ;
Retraits sur placements.

Les Dépenses en :

Nourriture et entretien ;
Boissons ;
Chauffage et éclairage ;
Mobilier, linge et effets d'habillement ;
Frais de maladie ;
Menues dépenses ;
Loyer, contributions et assurances ;
Education des enfants.

Et les placements, comme suit :
Caisse d'épargne;
Assurance sur la vie ;
Valeurs de portefeuille.

Je crois superflu d'entrer dans aucune explication sur le fonctionnement de ma comptabilité domestique. Sa simplicité, je le répète, dispense de tout essai à ce sujet.

Je ferai seulement observer qu'on n'enregistre au journal que les opérations présentant un mouvement effectif de caisse. Pour ce qui est des achats à terme, on en tiendra note dans un carnet spécial, et ce n'est qu'au fur et à mesure des paiements que les opérations seront consignées au journal. Ce carnet fournira, à la fin de l'année, s'il y a lieu, les éléments pour le passif du bilan.

5° *Récapitulation mensuelle des opérations.* — On relève, à la fin de chaque mois, dans un tableau *ad hoc* modelé sur le journal, le montant des opérations du mois. L'addition des colonnes de ce tableau renseigne le chef de famille sur les diverses natures de recettes, de dépenses et de placements effectués durant l'année. D'un coup d'œil il embrasse l'ensemble de ses comptes, et un rapide examen le met sur la trace des dépenses excessives qui auraient été faites sur tel ou tel chapitre.

Les chiffres de ce document serviront de base pour l'établissement du budget de l'année suivante.

On fera bien de dresser un tableau récapitulatif semblable à celui ci-dessus pour y faire figurer le total des opérations de chaque année. Les comparaisons sont toujours intéressantes et instructives. S'il est des statistiques qui fatiguent parfois celui qui les consulte, ce ne sont jamais celles qui regardent les affaires dans lesquelles le consultant est personnellement intéressé.

6° *Bilan*. — La confection d'un bilan apparaît à l'esprit de beaucoup, comme une œuvre difficultueuse. Il n'en est rien cependant, et l'initié se rit de la fausse opinion qu'on se fait de la réalité.

Rien n'est facile comme de faire un bilan, lorsqu'on a réuni toutes les données dont il doit se composer.

Le bilan n'est qu'une copie, sous une forme particulière, de l'inventaire, lorsque, bien entendu, l'inventaire est complet et qu'on a conformé les écritures de ses livres à ce document.

A l'Actif, on fait figurer tout l'*avoir* ; au Passif, toutes les *dettes et engagements*. L'excédent de l'actif sur le passif constitue le capital ou l'avoir net.

Sans doute, lorsqu'il s'agit de sociétés où l'on ouvre des comptes de réserve et d'ordre et où l'on distribue le surplus des bénéfices, la chose se complique un peu plus, mais n'en est pas pour cela plus difficile.

Au bilan de la comptabilité domestique que l'on trouvera ci-après, il a été porté :

A l'Actif,

Sous la rubrique *1er Etablissement*, la valeur du mobilier, du linge et des effets d'habillement ; sous celle *Provisions de ménage*, la valeur des provisions alimentaires de la maison ; sous celle *Valeurs de placement*, l'argent placé à la Caisse d'épargne, les titres en portefeuille et le montant des primes versées sur contrat d'assurance sur la vie ; enfin, sous la rubrique *Caisse*, les espèces en caisse.

Au Passif,

Sous la rubrique *Créditeur*, la seule dette de la maison, contractée vis-à-vis du brasseur ;

Et sous le titre *Capital*, la différence entre les valeurs actives et la dette ci-dessus, différence qui constitue l'*avoir net*.

On voit comme c'est simple de dresser le bilan d'une maison où l'on tient des comptes en règle.

MODE DE COMPTABILITÉ DOMESTIQUE

PLUS SIMPLE ENCORE

QUE CELUI QUI VIENT D'ÊTRE EXPOSÉ

———

Malgré la simplicité réelle de la Comptabilité que je viens de montrer, il est à peu près certain que beaucoup de personnes trouveront encore trop nombreuses à leur goût, les écritures auxquelles elle donne lieu.

Or, une si grande importance s'attache à la tenue des comptes de maison, qu'il faut ôter, même chez ceux que la chose rebute le plus, tout prétexte à la négligence.

A ceux-là, je dis donc : — Supprimez l'inventaire et supprimez le journal ; ne gardez que le *Carnet de poche.* A la fin du mois, relevez sur un bout de papier, toutes vos opérations par catégories d'articles et portez-en le résumé dans un tableau récapitulatif, absolument semblable à celui intitulé : *Récapitulation mensuelle.*

Ce ne sera plus là, il faut le dire, une comptabilité en règle, mais ce sera encore une tenue de comptes très utile et très instructive pour la ménagère et qui ne lui demandera que quelques minutes de son temps par mois.

Ainsi réduite, chacun conviendra que la comptabilité domestique est mise à la portée de tous, et elles seraient bien mal inspirées et bien coupables vis-à-vis de leur famille, les maîtresses de maison qui ne sauraient pas s'armer, pour la mettre en usage, de la petite dose de force de caractère nécessaire.

Je présume beaucoup, quant à moi, du bon sens des femmes. En cette matière comme en tant d'autres, on verra un jour les bonnes habitudes triompher, et les personnes qui poussent et travaillent aux améliorations économiques assisteront alors à ce spectacle réjouissant, de l'introduction, dans tous les ménages, de la Comptabilité domestique.

MON INVENTAIRE DRESSÉ LE 31 DÉCEMBRE 1894

ACTIF

CAISSE

Espèces en caisse .... 45 » »

MOBILIER

a) Meubles meublants

1 table ronde .... fr.	35 » »
1 table carrée	10 » »
6 chaisses à fr. 5	30 » »
6 chaisses à fr. 4	24 » »
1 pendule	30 » »
1 glace ..	25 » »
2 sujets en métal (garniture cheminée)	6 » »
1 garde-robe..........	60 » »
1 armoire à linge	35 » »
6 cadres...........	12 » »
1 miroir.....	2 » »
1 christ	2 » »
6 paires rideaux......	18 » »
2 vases ..	2 » »
2 statuettes	2.50

293 50

b) Appareils de chauffage et Accessoires

1 cuisinière........ fr.	50 » »
1 prussienne.........	30 » »
2 charbonnières......	4 » »
1 pelle à charbon....	2 » »
1 pince......	1.50
1 tisonnier........	1 » »

88 50

c) Batterie de cuisine

1 seau en zinc.... fr.	2.50
3 poêlons.....	5 » »
6 boites à épiceries......	4.50
2 marmites	5 » »
1 moulin à café	3 » »
2 râpes......	1.50
1 passoire	2 » »
1 écumoire	1 » »
1 louche	1.50
1 cafetière......	3 » »
1 pot au lait	1.50
2 casseroles	5 » »
1 poêle......	2 » »
1 hachoir......	2 » »
1 entonnoir........	0.75
1 panier en fil de fer	1 » »
1 gril......	1 » »
1 crochet pour viande	0.50
1 plateau	1 » »
1 penderie........	10 » »

53 75

d) Vaisselle

2 douzaines d'assiettes ..... fr.	8 » »
1 Plat	1 » »
1 saladier	1 » »
1 déjeuner	5 » »

15 00   **435 75**

.... fr. 15 » »	435 75
2 carafes	2 » »
2 douzaines verres......	4.80
1 moutardier..........	0.50
1 sucrier	0.50
1 saucier	0.75
1 salière......	0.50
12 jattes	1.80
1 douzaine couteaux.......	12 » »
1 douzaine cuillères à soupe.....	6 » »
1 douzaine fourchettes..........	6 » »
1 douzaine cuillères à café......	3 » »
1 beurrier..........	1 » »

53 85

e) Literie

2 lits avec sommier élastique .... fr.	125 » »
2 matelas laine	100 » »
2 traversins..........	16 » »
2 oreillers plumes..........	10 » »
2 descentes de lit	4 » »

255 00

f) Utilités diverses

1 lavabo........ fr.	30 » »
2 vases de nuit.....	0.75
2 quinquets	5 » »
1 bougeoir......	0.50
1 burette à huile	1.50
6 brosses diverses......	5 » »
1 casque à peignes	0.75
2 porte-manteaux	4 » »
1 hachette......	3 » »
1 porte-allumettes.....	0.50
1 chaudron à bouillir le linge.....	5 » »
1 petite lanterne	1 » »
2 fers à repasser	2.50
1 plateau	0.50
2 cuvelles........	5 » »
1 trépied	2 » »
1 marteau	1.50
1 ciseau	1.50
1 balayette	0.75
1 balai......	1 » »
2 paillassons	2 » »
1 baquet en zinc	5 » »
2 parapluies	10 » »
1 montre	30 » »
1 crachoir......	1 » »

119 75

864 35

LINGES ET EFFETS D'HABILLEMENT

12 chemises d'hommes...... fr.	45 » »
12 chemises de femmes......	30 » »
2 cols....	1.50
12 mouchoirs de poche..........	6 » »
2 nappes et 6 serviettes	16 » »
6 essuie-mains	4.50
6 paires draps de lit.....	90 » »
6 taies d'oreiller......	9 » »
2 couvertures en laine	30 » »
2 couvertures en coton..........	12 » »
1 courte-pointe......	5 » »
3 pantalons......	35 » »
3 gilets......	15 » »
1 paletot......	40 » »
2 vestons......	45 » »
1 pardessus......	40 » »

424 00

		fr. 424 » »		
1 chapeau feutre		3.60		
1 casquette		2 » »		
2 paires souliers		22 » »		
1 paire pantoufles		4 » »		
6 paires bas		6 » »		
2 caleçons		4 » »		
2 gilets flanelle		4 » »		
2 cravates		1.50		
3 robes		55 » »		
4 jupons		25 » »		
1 peignoir		8 » »		
2 chapeaux femme		12 » »		
1 visite		25 » »		
1 manteau		30 » »		
2 corsages		10 » »		
2 matinées		4 » »		
3 tabliers		3.75		
6 paires bas femme		9 » »		
1 corset		6 » »		
2 paires souliers		17 » »		
1 paire sabots		1 » »		
3 habillements complets garçon		32 » »		
6 chemises		9 » »		
2 paires souliers		12 » »		
1 chapeau		3 » »		
1 casquette		2 » »		
Cols et cravates		2 » »	736	85

PROVISIONS DIVERSES

1/2 tonne de bière	fr.	9.50		
Charbon et bois		2.50		
Pommes de terre, oignons, etc.		10 » »		
Épiceries diverses		9 » »	31	00

VALEURS DE PLACEMENT

Argent à la Caisse d'épargne	fr.	235 » »		
1 action de la Société coopérative de consommation de Trith		50 » »		
1 action de la Brasserie coopérative de Valenciennes-Anzin		50 » »	335	00

RÉCAPITULATION

Caisse	45	» »
Mobilier	864	35
Linges et effets d'habillement	736	85
Provisions diverses	31	» »
Valeurs de placements	335	» »
	2.012	20

PASSIF

DIVERS CRÉANCIERS

Dû à la Brasserie coopérative	9	50
Dû au tailleur	19	50
	29	00

BALANCE

ACTIF	fr.	2.012.20
PASSIF	fr.	20 » »
CAPITAL NET	fr.	1.983.20

Pierre LECOURAGEUX.

BUDGET

ou

Tableau des Recettes et Dépenses présumées de la maison de Pierre Lecourageux, pour l'année 1895

RECETTES			DÉPENSES		
Salaires (300 jours de travail à raison de 5 fr. par jour)	1.500	00	Nourriture et entretien	650	00
Bénéfices à toucher dans les Sociétés coopératives	100	00	Boissons	150	00
Intérêts de placement	15	00	Chauffage et éclairage	125	00
			Linge et effets d'habillement	200	00
			Frais de maladie	20	00
			Menues dépenses	100	00
			Loyer, contributions et assurance	100	00
			Éducation de l'enfant	25	00
			Assurance sur la vie	88	00
				1.548	00
			Économies	67	00
	1.615	00		1.615	00

JOURNAL DE LA MÉNAGÈRE

DATES	RECETTES					LIBELLÉ	DÉPENSES									PLACEMENTS					Total des dépenses et des placements
	En Caisse	Salaires	Revenus Divers	Retraits sur Placements	Total		Nourriture et Entretien	Boissons	Chauffage et Éclairage	Mobilier, linge et effets d'habillement	Frais de maladie	Menus dépenses	Loyer, contributions et assurance	Récréation des Enfants	Total	À la Caisse d'Épargne	Assurance sur la Vie	Valeurs de portefeuille		Total	
1895 Janvier 1	45 00					En Caisse															
»						Achat lard, haricots et vinaigre	0 08													
»						» savons et savonnettes	0 70													
2						» aiguilles, fil et laine	0 30													
»						» café	1 30													
3						» d'une bouteille vin		0 75												
»						» sucre	0 55													
3						» beurre et fromage	2 35													
5						» sel, poivre et carottes	0 00													
6						» œufs et viande	2 20													
»						» figues	0 30													
7						» huile à brûler			0 08											
»						» amidon, bleu et bougie	0 30		0 15											
8						» farine	0 30													
»						» café et chicorée	1 60													
9						» macaroni et fromage	0 00													
10						» beurre	2 10													
»						» un demi-mètre toile				1 50										
12						» papier à lettre et enveloppes						0 15	3 16							
13						Prime assurance contre incendie, pour mobilier														
»						Achat viande	0 00													
14						Réparation souliers	1 00		8 30	1 35										
»						Achat bois à brûler et charbon														
»						» 2 mètres cretonne et peau chamois	0 40													
15		60 00				» de haricots	0 00					2 25								
16					1	Voyage à Quiévrain														
»						Achat de chocolat	1 00													
17						Touché quinzaine	0 40		0 30											
»						Achat 2 jeunes lapins														
19						» lentilles	3 80					0 10								
»						» pétrole	1 30													
20						Aumônes	1 10													
21						Achat beurre et œufs	0 26													
»						» café					1 50	2 00								
22						» bifteck et saindoux						1 00								
»						» sel et poivre	0 00		0 55											
23						» d'une casquette	2 05													
24						Visite de médecin	0 00													
25						Médicaments	0 20													
»						Achat fromage et macaroni	3 45													
26						» huile à brûler	0 50													
27						» café, chicorée et sucre	1 20													
28						» pois	0 50													
»						» harengs						2 75								
30		65 00				» beurre, œufs et fromage	1 20													
31						» raisiné	0 30													
»						» viande		8 00												
»						» légumes divers	12 00	0 50												
»						» d'un bourgeron														
»						» café														
»						» lard							1 55 15 00	1 00						
»						Touché quinzaine							4 00							
»						Payé lait du mois											5 00				
»						» pain du mois												22 00			
»						» demi-tonne bière													50 00		
»						» pour écolage enfant (cours du soir)														
»						» loyer maison														
»						» au marchand de journaux														
»			41 00			Menus plaisirs de Pierre pendant le mois														
30			14 00			Payé cotisation Société d'épargne														
»						» première prime trimestrielle assurance sur la vie à la Réserve Mutuelle (capital assuré 5,000 fr.)														
»						Reçu de la Société Coopérative de Trith, bénéfices sur achats, 2e semestre 1894 (14 %) et dividende action														
»						Reçu de la Brasserie Coopérative de Valenciennes-Anzin, bénéfices sur achats, année 1894, et dividende action														
»						Achat d'une 2me action Brasserie Coopérative														
	45 00	125 00	55 00		225 00		48 55	13 25	9 85	7 10	3 00	8 05	16 10	1 50	100 40	5 00	22 00	50 00		77 00	180

En Caisse...... 38

225

RÉCAPITULATION MENSUELLE

RECETTES

DATES	en Caisse		Salaire		Revenus divers		Retraits sur placements		TOTAL	
	fr	c	fr	c	fr	c	fr	c	fr	c
1895 Janvier	45	»»	125	»»	55	»»			225	»»
Février			120	»»					120	»»
Mars			127	50					127	50
Avril			122	50					122	50
Mai			125	»»			25	»»	150	»»
Juin			118	75					118	75
Juillet			128	75	41	»»			109	75
Août			125	»»					125	»»
Septembre.			120	»»					120	»»
Octobre			121	25					121	25
Novembre..			125	»»					125	»»
Décembre ..			126	25	14	»»			140	25
	45	00	1485	00	110	00	25	00	1.665	00

DÉPENSES

DATES	Nourriture et Entretien		Boissons		Chauffage et Éclairage		Mobilier Linge et Effets d'habillement		Frais de maladie		Menues dépenses		Loyer Contributions et Assurance		Éducation des Enfants		TOTAL	
	fr	c	fr	c	fr	c	fr	c	fr	c	fr	c	fr	c	fr	c	fr	c
1895 Janvier	48	65	13	25	9	85	7	10	3	»»	8	05	18	10	1	50	100	40
Février	47	»»	14	50	3	50	10	»»			5	10	15	»»	1	60	96	70
Mars	51	»»	6	»»	11	»»	11	10			3	25	15	»»	1	50	98	85
Avril	45	10	15	25	2	»»	24	70			11	»	15	»	1	50	114	55
Mai	50	05	13	60	15	»»	25	15			4	30	15	»	1	75	133	85
Juin	53	»»	17	»»	3	50	4	50	7	»»	5	30	23	»»	1	50	115	10
Juillet	52	40	14	10	6	75	12	»»	0	50	7	»»	15	»»	1	50	109	25
Août	64	15	12	70	11	50	3	30			9	»»	15	»»			115	65
Septembre.	49	40	13	10	5	»»	7	03	4	»»	6	70	15	»»	2	»»	102	25
Octobre	42	»»	8	40	10	65	30	50			8	10	15	»»	1	50	116	15
Novembre..	40	50	10	45	8	70	22	»»			7	00	15	»»	1	70	112	25
Décembre ..	47	60	12	65	13	0	48	50			6	20	15	»»	1	50	144	55
	590	75	157	00	100	55	206	00	14	50	82	10	191	10	17	55	1.368	55

PLACEMENTS

DATES	à la Caisse d'épargne		Assurance sur la Vie		Valeurs de Portefeuille		TOTAL		TOTAL des Dépenses et des Placements
	fr	c	fr	c	fr	c	fr	c	
1895 Janvier	5	»»	22	»»	50	»»	77	»»	186
Février	5	»»					5	»»	101
Mars	5	»»					5	»»	103
Avril	55	»»	22	»»			77	»»	191
Mai	5	»»					5	»»	138
Juin	5	»»					5	»	120
Juillet	5	»»	22	»»			27	»»	136
Août	5	»»					5	»	120
Septembre.	5	»»					5	»»	107
Octobre	5	»»	22	»»			27	»»	143
Novembre..	5	»»					5	»»	117
Décembre ..	5	»»					5	»»	149
	110	00	88	00	50	00	248	00	1.616

En caisse au 31 Décembre 1895   48

1.665

BILAN AU 31 DÉCEMBRE 1895

ACTIF			PASSIF		
1ᵉʳ ÉTABLISSEMENT			**CRÉDITEUR**		
...obilier .... fr. 832.10			Dû à la Brasserie coopérative	9	50
...nge et Effets d'habillement 704.50	1.536	00			
PROVISIONS DE MÉNAGE					
...mmes de terre, carottes, etc	22	» »	Balance ou CAPITAL NET	2.105	20
VALEURS DE PLACEMENT					
...la Caisse d'Épargne .... fr. 329.05					
...action de la Société coopérative de Trith .... 50 » »					
...ctions de la Brasserie coopérative de Valenciennes-Anzin ...... 100 » »					
...surance de 5000 fr. sur la vie à la « Réserve mutuelle » (Primes versées) .... 88 » »	567	65			
CAISSE					
...gent en caisse	48	45			
	2.174	70		2.174	70

RAISONNEMENT

---o---

Mon capital au 1ᵉʳ Janvier 1895, était de .... fr. 1 983.20

Au 31 Décembre 1895, il est de......... .... 2.165.20

Soit augmentation de .... fr. 182.00

laquelle s'explique comme suit :

J'avais au 1ᵉʳ Janvier en argent placé .... fr. 335.»»

J'ai au 31 Décembre id. 567.65

Économies de l'année .... ——— 232.65

J'avais en caisse au 1ᵉʳ Janvier......... .... fr. 45.»»

J'ai en caisse au 31 Décembre 48.45

En plus .... ——— 3.45

J'ai payé la dette que j'avais au 1ᵉʳ Janvier vis-à-vis de mon tailleur .... fr. 19.50

255.60

Mes valeurs de 1ᵉʳ Établissement (mobilier, linges, etc.) s'élevaient au 1ᵉʳ Janvier à fr. 1.601.20

Au 31 Décembre, elles ne sont plus que de 1.536.60

Dépréciation subie.... .... ——— 64.60

J'avais au 1ᵉʳ Janvier des provisions de ménage pour .... fr. 31.»»

Au 31 Décembre, je n'en ai plus que pour......... .... 22.»»

En moins .... ——— 9.00

73.60

Reste donc comme augmentation de capital fr. 182.00

Pierre LECOURAGEUX

TABLE DES MATIÈRES

Partie pratique

IMPRIMERIE SEULIN ET DEHON — VALENCIENNES

www.ingramcontent.com/pod-product-compliance
Ingram Content Group UK Ltd.
Pitfield, Milton Keynes, MK11 3LW, UK
UKHW020907120726
13693UKWH00003B/927